女性は「話し方」で9割変わる

◆

福《ふく》田《だ》　健《たけし》

コスミック・知恵の実文庫

※この作品は二〇〇八年に経済界から刊行された
同名の書籍を加筆・修正し、再編集したものです。

はじめに

人は毎日、話したり、聞いたりのやりとりをしながら生活をしている。コミュニケーション抜きに、生活はできない。いわば、なくてはならないものなのに、「話し方」について、いまよりレベルを向上させるにはどうしたらよいかとなると、とまどう人が多いのではないだろうか。

あまりに身近すぎて、話すことが持つ〝大きな力〟に気づかない人もいる。また、なんとなく気になりながら、自分のどこが問題なのか、把握していない場合もある。

そこで、次の項目のうち、どれが自分にあてはまるか、ぜひチェックしてみてほしい。

□話すのは好き、でも、話し上手ではない
□仕事はできるほうだと思うが、人とコミュニケーションするのは苦手
□相手を意識しすぎて、気軽に声がかけられない
□自分の気持ちを上手に伝えられないで、悩むことがある
□話を聞いてほしいと思っても、熱心に聞いてもらえない
□言いたいことを、感じよく言えるようになりたい
□許せないと思うとカッとなって、相手を責めることがある
□相手が喋ってくれないと、どうしてよいかわからなくなる
□人から頼まれると、うまく断れない

□「話をちゃんと聞いていない」と言われることがある
□ほめたいのに、うまくほめることができないことがある
□他人に合わせすぎて、ときどき自分がいやになる
□「言い方がきつい」と注意されたことがある
□気まずくなったとき、気転をきかしたひと言が出てこない
□いつも明るくて、笑顔が素敵な女性になりたい
□いまの自分を変えたい

右にあげた項目は、どれもみな、本書のなかで取り上げられている。本書は、このようなコミュニケーションに関して抱く日常の課題について、「どこに問題があり」「どのように対処したらよいか」を、女性の立場に立って述べた本である。

これからの女性にとって、「話し方」は単なるアクセサリーでなく、生きるうえでの必須科目であり、よりよく生きるための大きな力でもある。

「いまの自分を変えたい」

それならば、まず、「話し方」を変えることである。話し方が変われば、〃あなた〃が変わるからだ。話し方を変え、自分を変えていくうえで、本書がお役に立てれば、これ以上の喜びはない。

なお、本書の執筆にあたっては、たくさんの方のお世話になった。なかでも、話し方研究所の仲間の人たち、アンケート調査を企画し、多くの方々の声を収集してくれた野村美佐枝さんに、心から感謝申し上げたい。

文庫化にあたってひと言
――「話し方」は自分を変えるひとつの試み

女性を対象にした話し方の本というと、言葉づかいを中心にしたものや、マニュアルの解説本などが多い。
本書は「話し方」を、「自分を変えるひとつの試み」として取り上げている。

すなわち、
――話し方が変われば、あなたが変わる
という捉え方である。

その結果、多くの女性（男性にも）に注目され、ベストセラーとなった。

それから何年かの時を経て、今回、文庫本として世に出ることになったのは、いまだ手にされていない方々に、読み継いでいただける、またとないチャンスでもある。

「話し方」を変えることで、あなたの「何」がどう「変わる」のか。

本書を読み進めながら、自分と向き合いつつ、その答えを導き出していただけたら幸いである。

福田《ふくだ》　健《たけし》

女性は「話し方」で9割変わる・目次

第1章

女性は「話し方」で9割変わる

●恋愛・お金・仕事・人間関係にスグ効く

第2章 美しく魅力的な女性の「話し方」

●運を開き、人格が磨かれ、成長する

第3章

初対面でも愛され、感謝される「話し方」

●誰とでも〝いい人間関係〟をつくれる女性のスキル

第4章

どんなときも好感度がアップする「見た目の技術」

●人の心を打ち、ホッとさせる「笑顔・目線・姿勢・歩き方」

第5章

「言葉ぐせ」であなたの9割がわかる

●「話し方」が変われば「あなた」が変わる

編集協力・もみじ社

第1章

女性は「話し方」で9割変わる

●恋愛・お金・仕事・人間関係にスグ効く

「自分の話し方」をちょっと意識してみる

話し相手の反応はどうか

「話し方」について、改めて取り上げると、身構《みがま》えてしまう。「私には、とても」などと、尻込《しりご》みする人も出てくるだろう。

反面で、人は毎日、話したり聞いたりしている。たいてい、なんの気なしに喋《しゃべ》り、無造作《むぞうさ》にものを言っている。「話し方」「聞き方」を学校で教わったこともない。小さい頃から、喋ったり聞いたりしているから、誰にでもできることとして、意識することもなく見過ごされている。

実は、ここに問題がある。

一方で、特別難しく考えると同時に、一方で、当たり前のこととして、意識されることもない。話し方を変える、話し上手になる――そのためには、自分の話し方を振り返ってみる、ほんのちょっと意識してみる。そうすれば、

「いままで気づかなかったことに気づく」のである。気づいたら、さっそく、気づきをもとに、〝話し方の改善〟に取り組む。その際、自分が話したことに対して、相手がどんな反応をするかを把握しておくことである。

これまで、何気なく交わしていた会話のやりとりの、どこにどんな問題があり、どうすればよいかを考え始める。あなたの話し方が変わり出し、あなた自身も変わり始める。

〝うわの空〟の聞き手が多い

毎日、なんの気なしに言葉を口にしているので、多くの人は、自分が話せば、相手は聞いているものと決めてかかっている。立ち止まって、ちょっと振り返ってみてほしい。誰もが、いつでも、あなたの話を聞いているかどうか。

自分が聞く側にまわってみればよくわかる。うっかり聞き洩《も》らしたり、ぼんやり聞き流したりで、聞いていないことに、すぐ思い当たるだろう。

声に出してものを言ったからといって、相手は聞いているとはかぎらない。むしろ、あなたのメッセージは、しばしば相手に届いていないのだ。

女性が抱く不満の一つに、「私はちゃんと言ったのに」というのがある。たとえば、妻が夫に何か言うと、夫は、

「わかった、わかった」

と答える。夫のこの答えは、「聞いて理解した」というよりも、聞き流しているにすぎない。

〈ああ、また喋り出した。うるさいなァ。適当に聞き流しておけ〉

こんな反応のもとに、その場しのぎで、

「わかった、わかった」

と答えているのである。文字通り理解したと受け取ってしまうと、あとになって夫に、

「聞いていない」「ちゃんと言ってくれないと、困る」

などと言われて、あなたは、

「ちゃんと言ったじゃない！」

と、腹を立てることになる。

一般に、聞き手は女性の話し手に対して、〈よく喋る〉との思いがある。なかには、聞く前から、〈どうせ、たいした話じゃないだろう〉などと、勝手に決め込んで、聞こうとしない者もいる。

よく喋ると思われているぶん、あなたの話は、そのままでは、聞き流される危険があることに気づいてほしい。

職場でも、

「なぜ、早く言わないんだ」

と、相手に言われて、

「言いましたけど」

と、不服そうに言い返す女性を見かける。その結果、「言った」「言わない」の争いとなり、気まずい状態に陥《おちい》る。

話しても聞いていない人がいる現実に気づいて、話すときには、〝発信＝受信ではない〟を思い出すことである。

耳を傾けさせるための工夫

相手の耳をこちらに向けさせるためには、ちょっとした努力をするとよい。

思いつくままを口にするのでなく、

「聞いてほしいことがあるんですが……」

と、言葉をかけて、間をおく。相手が、

「なに?」「どんなこと?」

と、こちらに向いたとき、手短に用件を伝える。気持ちを伝えたいときは、

「いま、大丈夫?」

と確かめて、相手の反応をみる。

それと、もう一つ。話す相手の状態をよく見て、話すこと。

疲れて帰ってきた夫に、待ってましたとばかり、

「ちょっとあなた、今日、大変だったのよ」

と話しかけたら、相手はとまどうだろう。

「そう」「へえ」「ふーん」

などと聞いた振《ふ》りをしているが、ほとんど聞いていない。というより、聞ける状態でない。話す相手をよく見れば、肩を落とし、表情も冴《さ》えない。疲れているくらい、一目でわかる。わかったら、出方を変えるのだ。

「聞いてほしいことがあるんだけど、疲れてるみたいだから、あとで聞いてくれる？」

「あとで」と言われると、簡単なことなら聞いてみるか、という気になる。

「どんなこと？」

「うん、あとでいいわ」

「いまでもいいよ。聞くからさ」

と、相手は聞く気になる。相手を聞き手にするためには、よく相手を見て、工夫をすることだ。

ひと言の「あいさつ」で自分と相手が変わる

「あいさつ」はコミュニケーションの出発点

相手を認める。そして、声をかける。ここから、コミュニケーションはスタートする。

多くの人たちがいる。それだけでは、単に人が存在するという事実があるだけで、どうということはない。その人たちから、特定の人を自分の話し相手と認めたとき、あなたの心は、コミュニケーションを意識するのだ。

繁華街の人混みで、知人に出くわす。

「A子じゃないの、どうしたの?」

「B子こそ、どうしたの。こんなところで」

思わず、こんなやりとりを交わす。二人の間にコミュニケーションが成立し、以後、会話のやりとりが続く。たまたま、二人の女性の仲が悪ければ、お互い相手を認めたくないので、知らん顔をしてやり過ごす。コミュニケーションも発生しないままで終わる。

入社十年目のS子さんは三十三歳。今年入ったばかりの新人C子さんの姿を通路で見かけて、「お早う」と声をかける。C子さんも、「お早うございます」と返したあと、続ける。

「先輩、ひとつ質問してもいいですか？」

S子さんは笑顔で、「いいわよ」と答える。

なんでもないやりとりのようだが、お互い相手を認め合うことで、コミュニケーションが発生し、動き出すのである。

近頃の職場では、朝やってくると、机の上のパソコンの画面と向き合ったままで、お互い知らん顔か、声をかけても振り返りもしないといった光景がごく普通となった。相手を認めて声をかけるという、コミュニケーションの出発点がぐらつき始めている。

人がそこにいても、相手として認めないのは、意図してのことにせよ、そうでないにせよ、結果として、人を無視することになる。

混んでいる電車から降りるとき、無言のまま人をかきわける乗客が多い。周囲の人は、決していい気分ではない。無視されて、いい気分になる人はいないからだ。ところが、

「すみません。降ります」

と、声をかけられると、嬉しくなって、思わず、脇にどいて、通路をつくるのに協力してしまう。女性に笑顔で声をかけられたりすれば、「降りる人がいますから」と、彼女に代わって、周りに声をかけたりする男性もいる。

誰でも、自分を認めてくれ、声をかけてもらえると、その人にいい印象を抱く。ほんのちょっと勇気を出して、声をかけてみよう。人を無視しないですむ。そのうえ、あなたの好感度がアップするのだ。

「あいさつ」は誰のためにするのか

あいさつされる側からすれば、あいさつしてくれる人が少ないと、当然淋《さび》しく

なる。

〈どうせ、私なんか〉と、ひがむ気持ちが生まれたりもする。

前述のS子さんが、次のような話をしてくれた。毎年、若い人が新入社員として入ってくる。若くて、可愛らしい女性を見ると、男性社員は、彼女たちをちやほやして声をかけまくる。S子さんのような、ベテランで年上の女性は、忘れがちになる。

「声をかけてくれても、仕方なさそうにひと言、『お早う』とだけ。若い子には、『元気かい』『何か手伝おうか』なんて、ベタベタするくせに。つい、ひがみたくもなるんですが、ふと気がついたんです」

S子さんは、製薬会社に勤務して、病院のドクター相手に、医薬情報を提供しながら、自社の製品を使ってもらえるよう働きかける仕事を担当している。毎日、病院を訪問して、医師や看護師に、ことあるごとに声をかけている。でも、お掃除のおばさん、販売店で働く人、待合室の片隅でポツンとしている、年輩の患者さんに声をかけていただろうか。

「かけていなかったんですね。声をかけてもらえない淋しさを知って、初めて気づくのでは、遅いんですけどね。いまは、声をかけるようにしています。すると、向こうからも私に気がつくと、声をかけてくれるんですね。

職場でも、自分からせっせと声をかけるようにしました。この頃、みんなから明るくなったねって、言われています」

声をかけると、相手からも声をかけられる。相手を認めれば、自分も認められるのだ。

「ありがとう」が持つ、こんな魔法の力

素直に感謝できる人は感じがいい

チャールズ・シュルツ氏の漫画『ピーナッツ』は、谷川俊太郎さんの訳で、日本でもよく読まれている。そのなかの一冊『スヌーピーたちの人生案内』（主婦の友社刊）は、漫画に登場するスヌーピーやルーシーたちの口を通して出てくる

短い言葉に軽妙な味があって、面白い。

本を開くと、いきなり、

人生ってソフトクリームみたいなもんさ……なめてかかることを学ばないとね！

負け犬のチャーリー・ブラウンの言葉である。ほかにも引用したくなる言葉がいくつかあるのだが、とりあえず、次の言葉を紹介したい。

ほめられたら、「ありがとう」だけ言えばいいのよ。

人にほめられたとき、あなたはなんと言っているだろうか。

ほめるのは、照れくさいものである。特に、男は照れ屋で、ほめたいと思っても口ごもってしまって、うまくほめられない人たちが多い。

やっとの思いでほめ言葉を口にしても、相手が照れたり、謙遜したりすると途方にくれ、立往生してしまう。

遊びなれた男性に、

「キミの髪形、とってもよく似合うよ」

などと、うまいことを言われて、

「あら、でも、この髪形、好きじゃないんですけど」

と、しなをつくって返したりすれば、相手につけ入る隙を与えるようなものだ。

ほめられたとき、短くてもっともピッタリの言葉は、「ありがとう」である。

いい加減なほめ言葉には、強い口調で、「ありがとう!」と言って、ピシャリとはね返す。相手も降参して、立ち去る。誠意のあるほめ言葉には、心を込めて、「ありがとう」と返せば、こちらの心は充分伝わる。

ほめられたとき、

「ほめないでください」

などと怒る女性がいる。相手を考えないものの言い方で、これでは相手も二度とほめなくなるだろう。

ほめると、

「ほめたって、何も出ませんからね」

「うまいこと言って、仕事を手伝わせようったって、そうはいきませんよ」

などと返す人がいて、親しい間柄では、よく使われるパターンだ。悪くはないが、「ありがとう」の持つストレートさにはかなわない。

上手に「ありがとう」が言える女性は、爽やかで、とっても感じがいい。

“感謝知らず”の女にならないために

大半の男性は、女性から「ありがとう」と言われたがっているのではないだろうか。というのは、私もそう思っているからである。

たとえば、地方出張の帰りに、空港で買った土産《みやげ》を家族に差し出す。

「ハイ、お土産」

受け取って妻が嬉しそうに、

「ありがとう」

と言ってくれるのを楽しみに、実は買ってくるのだが、この期待はほとんど裏切られる。黙ってお土産を受け取るなり、冷蔵庫の上かなんかに、ぽんと置いたきり、

「お風呂、入りますか？」

などと、手続き的なことを言われて、いたくがっかりさせられる。

「あなたって、やさしい人ね」

などと言ってくれなくていい。ひと言、

「ありがとう」

それで充分なのである。

交際して間もない頃、プレゼントすると、

「ありがとう。これ、前からほしかったの。すごく嬉しい」

と、喜んでくれる女性が、結婚して五年、十年たつと、男の心理がわからなくなるのだろうか。

「お土産なんか買ってこなくていいわよ。それより、酔っ払わずに、早く帰って

きてほしい。そうしたら、『早く帰ってきてくれて、ありがとう』って、言ってあげる」

さて、あなたはどう思うだろうか。

知り合いの女性で、軽く食事をご馳走しただけなのに、次に会ったときには必ず、「先日はご馳走さまでした。ありがとうございました」と、言ってくれる人がいる。いつも明るくて、輝いている人だ。

「話す」より「聞く」ほうが、本当は大変！

「聞くのは受け身」は大間違い

喋るのが好きなわりに、「話すのは苦手」と思っている女性が多い。理由はあとで述べるとして、反対に、「聞くのなら、まあまあ、私にもできる」などと言う人がいる。

お喋りの好きな女性から、「聞くのが好き」「聞くのなら、私得意よ」などと言われる。〈どうして?〉と思いたくなるが、理由は「聞く」について、大きな誤解をしているからだ。

「聞くのは簡単」「私も得意」という人は、聞くことを軽くみているのだ。

「聞いている振りをして、ちゃんと聞いていない」

「うわの空で聞いて、聞いたつもりになっている」

こんな聞き手が決して珍しくないのが、なによりの証拠である。

聞くのを受け身の姿として捉《とら》え、なんとなく聞いていればよいぐらいにしか考えていない。聞き上手になるには、この認識を改めるのが第一となる。「聞く」を、

「受け身ではなく、積極的な活動」

と、捉えることから始めなくてはならない。

人の話を、身を入れてしっかり聞こうとしたら、思いのほか大変なことに気がつく。

都合の悪い話は聞いた振りをしてお茶をにごす。ほかのことが気になって、う

◉「しっかり聞く」のは簡単ではない

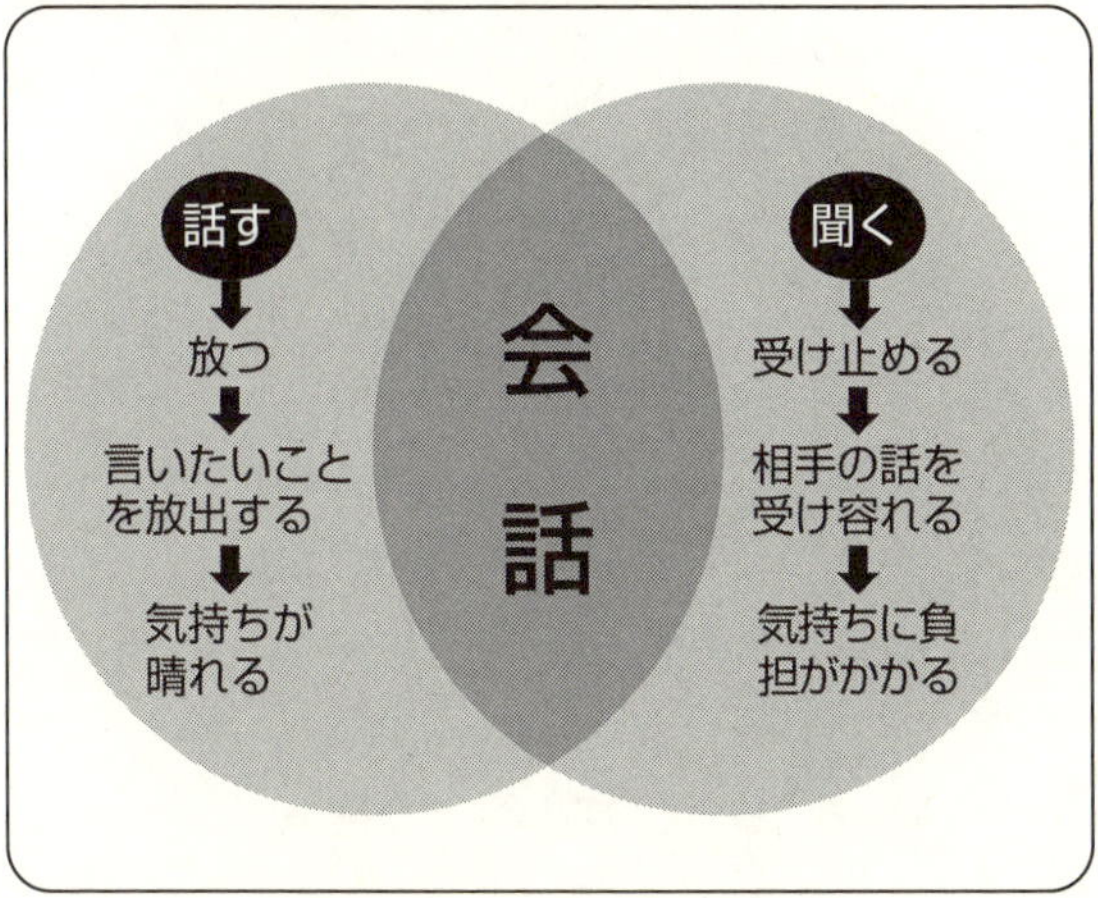

わの空で聞いてしまう。眠くなって、ついうとうとしてしまう。誰もが経験することだろう。

こうした場合、〝にもかかわらず〟身を入れてしっかり聞くのは、簡単にできることではない。

「話す」と「聞く」を比べて、話すほうが大変というのも誤解である。

「話す」は「放つ」で、なかにあるものを放出することである。放出すると、さっぱりして気が晴れる。「聞く」は、受け止める、受け容れることだから、決してラクではない。

「あァあ、疲れちゃって、口もきく気

がしない」

　と、ある女性が言い、これを、

「大変だったのね」

　と、受けると……。

「そうなのよ。まいっちゃうわよ、会議が予定より一時間も延びちゃって。終わって、やれやれと思ったら……」

「思ったら？」

「これで帰れると思ったのに明日のプレゼンの準備をしろだって。ウチの課長、いったいなに考えてるのよ、まったく」

　口もきく気がしないという人が、ちゃんと口をきいて喋っている。そして、喋りながら、だんだん元気になってくるではないか。

「明日のプレゼンっていうのが、だいたいおかしいのよ。私は営業担当でしょ。イントロぐらいは話すけど、提案の内容は制作担当が話すものなのよね。それを急に、『お前やってくれ』なんて、私に振るのよ」

「それ、いつのこと？」

「いつだと思う。昨日よ」

聞き役に恵まれると、話し手はどんどん喋り出し、表情まで生き生きしてくる。

一方、聞き役は大変だ。疲れていたら、彼女の不満やグチの相手をするのは、話すより、はるかに大変なのは、目に見えている。

「聞く」のも自己表現である

身を入れてしっかり聞いていたとしても、不機嫌な顔をしていたらどうだろう。

「私が話しているのに、どうしてそんな不機嫌な顔をして聞いてるの？」

「ちゃんと聞いてるんだから、いいだろう。先を話せよ」

そう言われても、話し手としては気になるものだ。

男性の不機嫌そうな顔つきは、女性が気にするほどのことではない場合が多いのだが、聞いているとき、ブスッとした表情でいられるのは、話しにくいものである。

聞き手は、聞くのにも、目の前に相手がいることを忘れていないだろうか。聞くのは自分一人でするもので、黙って聞いていればよいと、ここでも勘違いをしている。

目の前に、話し手という相手がいる。そして、話し手は、目の前の聞き手が自分の話を聞いてくれているのかどうか、すごく気にしている。

聞き上手は、目前の話し手に対して、打てば響くような聞き方をして、

「ほら、この通り、あなたの話を聞いていますよ」

「あなたのメッセージは、この通りちゃんと届いていますよ」

と、聞いていることを、話し手に伝えている。聞いていることが相手にわかるように表現しているのだ。すなわち、

「聞くのも表現」

なのである。聞き上手になるには、第二に、右の一行を実践して示すことである。ただ黙って聞いているだけでは、聞いているうちに入らない。

以上述べたことを要約すると、こうなる。

聞き上手とは、単に相手の話を受け止めるだけでなく、確実に受け止めることによって、相手に安心感を与えていく人である。

「聞き上手」になれる三つのポイント

発信の気配を察知する――ポイント①

こんな上司がいる。

「困ったことがあったら、遠慮なく話しにきて。どんな話でも聞くからね」

それではと、話そうとするのだが、忙しそうで話を聞いてもらえる状況ではない。あるいは、こちらが話し出すと、

「どうして？　そんなのおかしいよ」

などと、すぐ評価を下し、話に割って入ってくる。ほんの一部しか話してないのにと思うと、気勢をそがれてしまう。

わざわざ「なにかあったら遠慮なく話してよ」などと言わずに、〈ちょっと話したいな〉〈聞いてもらえるかしら〉と、こちらが思っていると、素振《そぶ》りなどから気配を察知して、「なにか言いたいことがあるんじゃないか」と、水を向けてくる人がいる。立ち止まって、笑顔を浮かべ、「なにか?」と、ひと言促してくれる人もいる。

朝、「お早う」と声をかけた相手の反応が元気がない。それに気づいて、さり気なく、「どう、調子は?」と、声をかけてみる。そして、「お昼一緒にどう?」などと気軽に誘う。

こんなやり方ができれば、あなたはそれとなくコミュニケーションを促すことのできる「聞き上手」な人である。口だけで「なんでも聞くから」は、ポーズにすぎない。

話はいつも「目」で聞く——ポイント②

「聞く」とは、相手をしっかり受け止めることである。役所の窓口で、こちらが話しかけても、下を向いたまま、

「なんでしょう?」

と答えられると、心配になって、

「あの、いいんですか?」

などと言ってしまう。発信を、しっかり受け止めてくれない聞き手に不安を感じるからだ。

すぐに顔をあげて、こちらの目を見ながら、

「ハイ、どうぞ」

と受け止めてくれると、次の言葉も出やすくなる。

話し手が話し始めた瞬間に相手の目を見ることだ。見ないのは無視にあたり、話し手を孤立させてしまう。相手に向けられた目は、

「さあ、どうぞ話してください」

と、発信を促す働きをする。

目を見ることは、相手の心の動きを知ることでもある。「目は心の窓」とも言う。無遠慮にじろじろ見るのは慎《つつし》みたいが、穏やかな目で相手の心の動きを見落とさないようにしたいもの。そうすれば、相手の気持ちを思いやったひと言を発することもできよう。

あいづちで話し手をリードする――ポイント③

女性は男性に比べて、話を聞くときにうなずく人が多い。男性の聞き手には、うなずくと損するとばかり、まったくうなずかない人がいる。うなずかないほうが損をするのであって、こんな男性の真似をする必要はない。

●聞き手は「あいづち」で話し手をリードする

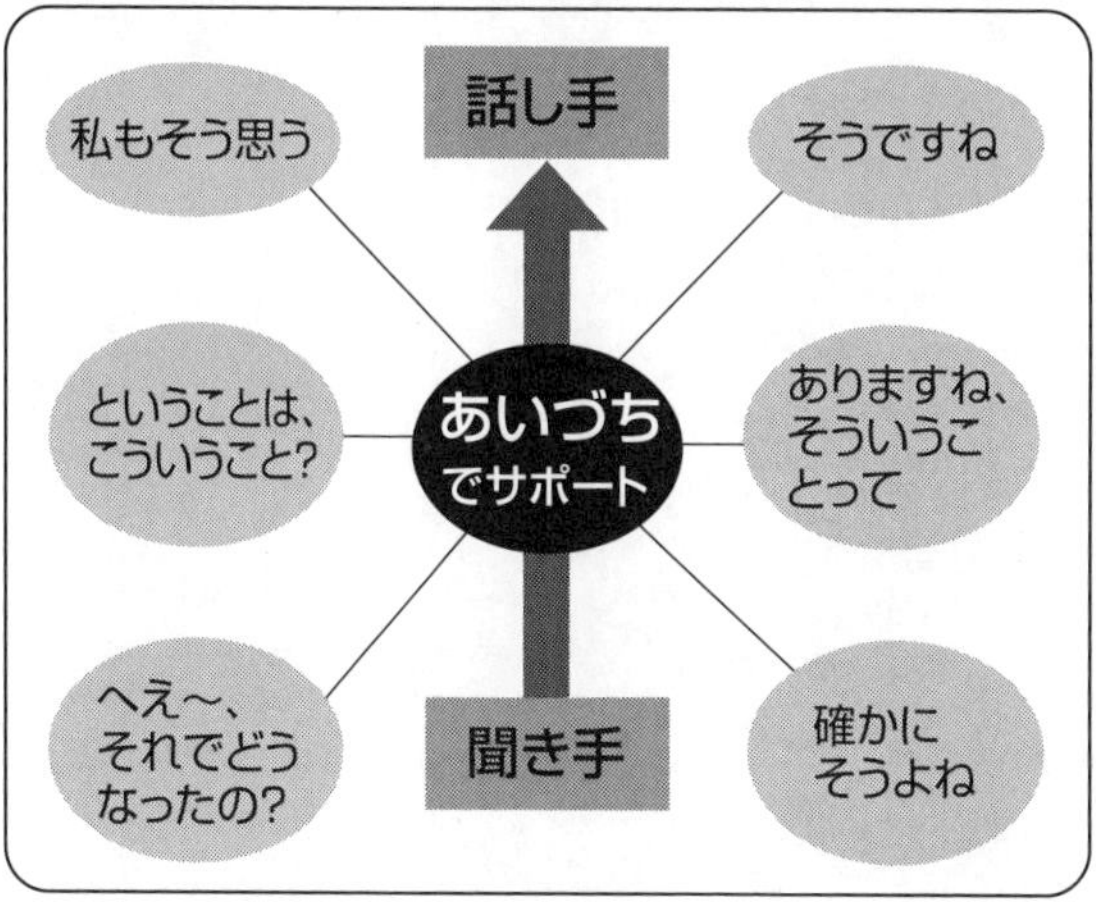

とはいえ、相手に悪いと思ってか、内容に関係なく、反射的にうなずいてしまう女性がいるが、これはやめたほうがよい。ここと思うところで、しっかりうなずけばよい。

聞いたことを言葉にして返すのが、「あいづち」である。あいづちは、相手の話に同意して、

「そうですね」

「ありますね、そういうことって」

「確かにそうよね」

などと、言葉で返す。これによって、話し手は相手の同意が得られて、話のスタートが切りやすくなる。

ところが、最初から、

「そうじゃなくて」

「違うんです」

「それはおかしいと思います」

など、否定のあいづちを打たれると、話すそばから否定されたような気がして、話し手はとまどってしまう。私の知人に、相手の話したことに、

「いや、そうじゃなくて」

と、口ぐせのように言う人がいる。近頃は慣れてしまい、気にならなくなったが、しばらくは、〈どうも話しにくいな〉と抵抗を感じたものである。

聞いてまず受け止めて、そのあとで、「私はこう思う」と、反対意見を述べても、決して遅くない。否定のあいづちをされると、気の弱い人だと、出鼻をくじかれたようで、次の言葉が出てこなくなる心配がある。

あいづちは、話し手が話しやすいようにするための、聞く側からのサポートである。

「聞き上手」になれば「話し上手」になれる

話す前に「聞き役」にまわる

「聞き上手」になれば、「話し上手」になれる。なぜだろうか。

まず、「話し上手」とは、どんな人のことを指すのだろうか。頭がよく、弁が立ち、歯切れよく次々に言葉が飛び出す。こんな人は、話し上手と見られやすい。だが、一方的な発信はコミュニケーションではない。どんなに上手に喋っても、相手におかまいなしでは、話し上手とは言えない。

「話し方講座」の受講者のなかに、若くて美人で、てきぱきと喋る女性がいた。同じ受講者の一人が彼女に問いかけた。

「話が相手に伝わらなかったらどうしますか？」

「質問して確かめますが、それでも要領を得なかったら、そういう人は相手にしません。時間のムダですから」

勢いに押されて、質問した人はたじろいだが、場の空気はシラけた。自信満々、自分の話は通じるものと決めてかかり、通じない相手は無視する。たまにだが、こんな話し手がいる。

コミュニケーションは、「話す」「聞く」のやりとりであり、話す一方で聞くことを欠いた話し手は、いくら上手に話しても、話し上手とは言えないのだ。

ところで、自分の話を聞いてもらうにはどうしたらよいか。面白い話、興味のある話をすることも大切だが、もう一つ大切なことがある。まず、相手の話を聞くことである。

女性は、言語野が右脳と左脳の両方に存在し、両者の通路である脳幹を言葉が活発に行き来するため、もともとお喋りが得意なのだ。〝喋りたい、喋って気持ちをわかってほしい存在〟の女性にしてみれば、相手に向き合うと、自分から先に話したくなるのも無理もないことだろう。

お互い仕事が忙しかったため、一カ月振りで恋人に会ったとする。こんなとき、

「話したいことが一杯あるの。ね、聞いて」

と口火を切るのは、たいてい女性のほうだろう。男性が聞き上手なら、あいづちを打って聞いてくれ、頃合いを見て、

「実はオレのほうもね」

と話し手にまわる。そのタイミングがよいと、会話はスムーズにいく。とはいえ、こうした聞き上手の男性は、決して多くない。

女性が次々に話を続けると、

「いったい、いつまで一人で喋ってるんだ」

と、不機嫌になったりする。

お互い好き同士、つき合いも長ければ、

「あら、ごめんなさい」

で、一応すむだろうが、相手にだって話したいことがある。そこに気づいて、言われる前に聞き役にまわれないと、やがて、あなたの話は相手に聞いてもらえ

なくなる。

先に聞き役にまわる。これができる人は、自分の話も聞いてもらえるのである。

「相手を知る」には聞くのが一番

コミュニケーションは、お互い、相手を「認識」「理解」「尊重」してなされるやりとりである。相手を認めると同時に理解する。

自分のことをわかってほしい、とは誰もが抱く思いだろうが、ここでも、考え方を変えないと、いつになっても、

「あの人は少しも、私のことをわかってくれない」

などと、不満を抱き続ける結果になる。

自分のことだけわかってほしいと望むのは、虫がよすぎる。相手のことをわかろうとしないで、自分だけ理解してほしいというのは、自己中心、身勝手というものだ。わかってほしいとの気持ちが強いと、気づかないうちに、身勝手な要求を相手につきつけることになる。

「あなたって、本当に自分勝手なんだから」

「勝手なのは、お前のほうだろう」

男女間の、この種の言い争いは、互いに相手に過剰な期待を押しつけ、自分の身勝手さを棚上げして、相手を責めているのだ。

わかってほしければ、相手のことを理解しようと努めることだ。ここでも陥《おちい》りやすいのは、相手のことなど「わかっている」との思い込みである。わかっているのでなく、わかったつもりでいるにすぎないのに気づく必要があろう。

このところ、毎晩帰りが遅く、そのうえ不機嫌な顔をして帰宅する夫に、妻が、

「あなた、働きすぎよ。あなたって人がいいから、一人で仕事を抱え込んでいるんだわ」

といった言い方をすれば、夫は、

「わかったようなことを言うな」

と反発するだろう。

ここはまず、夫がどんな事情を抱え、どう思っているかを知ることである。「働きすぎ」とか「人がよすぎる」などと断定するのはやめたほうがよい。相手が身近な人であればあるほど、勝手に決めつけて、

「いい加減にしてよ」

「少しは私のことを考えてよ」

などと、責め立てるのは、話し上手のやることではない。

「このところ疲れたような顔をして帰ってくるけど、大丈夫？」

と、軽い口調で尋《たず》ねてみる。男の不機嫌は黙って喋らずにいて生じることが多く、ぽつりぽつりと話していくなかで、しだいに消えていったりする。

「実は、前から一名欠員があって」

「それじゃ、負担がかかって大変ね」

「うん、いままで、なんとかみんなでやりくりしてきたけど、ここへきて、新しく仕事の注文があって、これが量が多くてね」

「それなのに一名欠員のままでやってるの？」

「うん、課長には十日前から増員の要求をしているんだけどね。なんとかする、どうにかするって言ってながら、増員どころか、欠員の補充もできないままなんだ」

「それで遅くなってたの」

「来週から一名来るんで、欠員の補充ができるから、少しラクになるけど」

彼の言葉から事情がわかれば、決めつけたり責めたりしないですむ。

言い争いは、たいていの場合、相手を理解していないために起きる。理解するためには、相手から話を聞くのが一番である。

「聞く力」がなければ話せない

話し上手な人は、話すよりも、聞くことを心がける。聞けなければ、話せないからである。しっかり聞くことによって、

①自分の話を聞いてもらえる

②相手を理解することができる

さらに、

③相手に応じた適切な話し方が可能になる

のである。

聞いていないのは論外として、聞いていても、内容をしっかり聞きとれないいま次の話を始めると、相手は「……？」という顔をして、〈ちょっと、違うよ。わかってないいんだから〉と、失望することになる。

なんのために聞くかと言えば、自分が話すときに、相手に合った話をするためである。

聞きベタで人の話が聞けなければ、話すときに影響する。話しベタの原因は、聞きベタにある。だから、聞き上手の人こそ、話し上手なのである。

話のうまい人は〝聞かれ方〟を考えて話す

親しいからといって話が伝わるとはかぎらない

見知らぬ人ならともかく、毎日顔を合わせている親しい人の場合、〝仲間意識〟を持ちやすい。とはいえ、いかに親しくても、相手は自分とは別の人なのである。夫婦にしても、もとはといえば赤の他人である。自分とは違うのだ。ところが、話すとき、この当たり前のことを忘れてしまう。

妻が布団のなかから声をかける。

「私、風邪引いたみたい。熱っぽくて、体の節々《ふしぶし》も痛くて、起きられない」

夫は心配そうに、

「大丈夫かい。風邪薬飲んだほうがいいんじゃないか」

と言ってくれるものと思っていたのに、なんと、返ってきた返事は、

「で、今日の夕飯、どうするんだ?」

であった。彼女は〈ひどい!〉とばかり、

「あなたっていう人は、私の体のことより、自分の晩ご飯のほうが大事なの!私のことなんか、どうでもいいわけ?」

と怒り出し、夫を睨《にら》みつけた。夫からすれば、単に聞いてみただけであり、〈なにも怒ることはないだろう〉と心外なのである。

自分と同じような反応を期待しても、相手は別人なのだ。夫は自分と異なる、男という生物なのだ。男は事柄に反応して、とりあえずどうするかを考える。彼女の体を心配していないわけではない。気持ちに重点をおく女性との違いがここにある。

一緒にいると、お互い、相手が男であり、女であることを忘れて、同じように考えたり感じたりする存在であると錯覚を起こす。

村上龍さんの『すべての男は消耗品である』(集英社刊)という作品に、こんな話が載っている。

　概要をかいつまんで述べると、作者と友達とその恋人の三人で、ステーキのうまい店に行ったときのことだ。友達は彼女に別れ話を持ち出し、

「キミの幸福を考えると、オレたち、別れたほうがいいと思うんだ」

と、都合のいいセリフを並べ立てたが、彼女は泣き出した。そこへ、その店自慢のステーキが運ばれてきた。泣いていた彼女はステーキを食べ、作者のほうを向き、こんなふうに言ったのだ。

「おいしいっ、このステーキ、本当においしいわよ、冷めないうちに、食べたら」

　両の瞳を涙でぬらして、そう言ったのだ。


　別れ話を持ち出され、泣き出した女性は、何も喉《のど》を通らないのではないかと思う人にとって、右の話はちょっとした衝撃である。

　以前に読んで、印象に残っていたので、知り合いの女性に話したところ、彼女は笑いながら、

「女性には別脳というのがあって、ステーキを食べているのは、その別脳なのよ」

と、こともなげに言ってのけた。

別腹でなく、別脳か……。女と男は、やっぱり別の人間なのだ。

どう受け取るかは聞き手が決める

コミュニケーションにおいては、話し手の話の意味が、その通り聞き手に伝わるわけではない。聞き手がどのように受け取るかで、意味が決まる。つまり、話したことの意味は聞き手が決めるのだ。

「私、そんなふうに言ったおぼえはない」

自分におぼえがなくても、そんなつもりで言ったのでなくても、どう解釈するかは、聞き手しだいなのである。あなたが話したことが思いがけない受け取り方をされるのも、そのためである。

エンジニアで構成されているプロジェクトチームが会議を開き、途中で休憩をとった。みんなでなんとなくお喋りをしているうちに、男性の一人が、

「じゃ、オレ、コーヒー入れてこようか」

と、立ち上がった。すると、チームの女性が、

「そんなこと言われるんなら、私が入れるわよ」

と言いすてて、憤然として出て行った。男性の発言を、〈女性のキミが入れてこないんなら、オレが……〉と受け取り、彼女は怒り出したのだが、彼はそんなつもりで言ったのではなかった。

話の意味は、自分とは異なる相手によって決定されるところに、コミュニケーションの難しさ、危うさがある。同時に、お互いの違いを知る機会にもなる。コミュニケーションを交わすということは、お互いを知ることでもある。

一つでもわかってもらえたら満足する

「私の話が相手に勝手に解釈されるなんて、そんなのひどい」

そう思う人もいるかもしれない。でも、相手は相手なりに受け取るのが現実だから、現実は早く受け入れるほうが賢明というもの。

考えてみれば、「話せばわかる」などと本気に思っているほうが、能天気なのかもしれない。コミュニケーションに、思いがけなさはつきものではなかろうか。にもかかわらず、人間はわかり合いたいし、コミュニケーションによる心のふれあいを求める存在だ。

谷川俊太郎さんは『谷川俊太郎質問箱』（東京糸井重里事務所刊）のなかで述べている。

ぼくは、常に疑ってるんですよ。通じてるんだろうか、分かってもらえてるんだろうか、何か感じてくれてるんだろうか、と。

それは、通じ合いたい、他人と結びつきたいという気持ちがあるからだという。谷川さんの場合、詩の言葉によってだが、日常の言葉でも、同様のことが言えるだろう。

実は、あなたは欲張りすぎではないか。

「私が話していることは、全部わかってほしい」

そう思っていないだろうか。通じないからこそ、相手にどう聞かれるかを考えて話す。でも、思い通りに伝わらない。そんななかで、一つのことでも、わかってくれたら、それで満足する。

その積み重ねのうちに、あなたの話し方は少しずつ変わっていく。そして、あなた自身も……。

“肯定的な”言い方は人の心を和らげる

人の心は傷つきやすい

近くて悪いなと思ったが、急いでいるので、タクシーを止めて運転手に、行き先を告げた。

「悪いね、近いんだけど」

「とんでもない、近くても遠くてもお客様に変わりはありませんから」

と、爽《さわ》やかな言葉が返ってきた。こちらが気をつかっているときの肯定的なひと言は嬉しいものだ。

上司に提案書を差し出したら、

「書き方がなってない。提案書一つ満足に書けないのか」

と、いきなり否定された。

「えッ、どこがいけないいんですか？」

「書き直しだ」

と、書類を突き返された。明るくて元気のいいE子さんも、これにはやる気をなくした。


人の心は揺れ動いている。ちょっとしたひと言で嬉しくなったり、反対に落ち込んだりする。自信満々、何を言われても平気。そんな人は少ない。特に、〈大丈夫かな〉と、自信の持てないときに、頭から否定的な言い方をされると、〈なにもそんな言い方をしなくても〉

と悲しくなる。

人の心はガラスのようにこわれやすく、傷つきやすいことを憶えておこう。特に、男性は、否定的な表現に弱い。ちょっとしたひと言でも、傷ついて腹を立てる。

レストランで見かけた男女のやりとり。


「キミって、猫舌なんだね」

「いいえ、違います」

「だって、スープ、熱くて飲めないじゃないの」

「でも、猫舌なんかじゃありません」

「じゃ、なんなの!?……」


男はムッとした顔で黙り込む。会話再開まで、二分ほどかかった。

「違います」「ではありません」などの否定的な言葉に抵抗を感じて、「じゃ、なんなの!?」のひと言。

逆に、肯定的な出方をすれば、スムーズにいく。

「ごめんなさい。スープが舌にしみて……」

「えッ、どうしたの?」

「舌に小さな傷ができて、そこがしみるんです。普段は、熱いもの大好きなのに残念!」

事情を説明しながら、肯定語で結んでいる。

親しい相手だからといって、

「そんなのおかしい」

「私、そういうの嫌いよ」

「知らないの、鈍いんだから」

などと、否定的に言ったらどうなるか。相手を怒らせ、関係をこじらせる。

正論なのに「言い方」に問題がある人

言っていることは正しい。問題の本質をついている。そんなときこそ、表現の仕方には工夫がいる。ともすると、「自分は正しい。間違っているのは相手」との思いから、否定的な言葉が出やすいからである。

昼休み、何人かでお喋りをしている。

一人の女性が男性の発言に、異を唱え始めた。

「Aさんのいま言ったことって、おかしいと思う。なぜそう言えるのか、根拠はなんなの？」

「根拠っていうか、ほかの人も同じように考えてるからね」

「根拠も確かめないで言ってるの？　それにほかの人がそう言っているからって、正しいとはかぎらないわよ」

だいたい、思いつきでものを言ったり、ほかの人の言うことを鵜呑《うの》みにして自分の意見のようにして言ったりするのは、間違っていると、彼女は主張した。その通りであって、誰も反論できなかったが、その場はシラけた。

人は正しい主張には身構える。自分の間違いを指摘されるのでは、と恐れる。

そこへ、ストレートな否定の言葉を浴びると、自分を守るのに必死になる。これでは正論でも受け入れられず、言い争いになり、「いやな奴」と嫌われてしまう。どう言ったらよいか。

「あなたの意見、なぜそう思うのか、理由を聞かせてくれない?」

「理由って、それほど大ゲサなものじゃないけど」

「どんなこと?」

「だってさ、ほかの人もそう言ってるしね」

「そうか。じゃ、私の考えも聞いてくれる?　間違ってるかもしれないけど、私はこう思うの」

穏やかな口調で言ってみる。抵抗が和らぎ、相手も耳を傾けるだろう。

「本当のことを言ってるんだから、怒るほうがおかしい」

こんな声も聞こえてきそうだ。だが、本当のこと、真実というものは、ときに人を傷つけもする。

素敵なスーツがスタイルのいいマネキンに着せられて、飾られている。デパートの女性服売場での光景である。

肥り気味の体型を気にしている女性客が、

「これ、どうかしらね」

と、店員に話しかける。

「あ、お客様でしたら、あちらのマネキンのほうがよろしいかと」

彼女の実物大の、肥《ふと》ったマネキンのほうへ連れて行こうとしたらどうなるだろう。

「結構！」と、答えて、足音荒く、彼女は立ち去ってしまうだろう。

本当のことだからといって、そのまま伝えるのは残酷、相手を傷つけることにもなるのだと、承知しておこう。

肯定的とは「相手を尊重する」こと

言葉は肯定的でも、どんな気持ちで言っているかで、結果は違ってくる。

美人で表情もにこやか、言葉も丁寧。一見、非の打ちどころのない応対を受けているのに、どこか落ち着かない。

部屋に通され、

「コーヒー、紅茶、日本茶、どれになさいますか？」

と、訊《き》かれる。

「コーヒーをください」

「ハイ、かしこまりました。ホットがよろしいですか、それとも……」

「温かいのにしてください」

ああ、コーヒーだけでなく応対も「ホット」にしてほしい、などと思ってしまう。丁重さが、こちらを緊張させ、心が休まらない。尊重されているようで、実は見おろされているのでは、と感じてしまう。

相手を尊重するにしても、そのやり方が評価できないのであれば、

「気を悪くしたら、ごめんね。でも、あなたのそのやり方には問題があると思う」

と言う。

相手を尊重するとは、第一に、相手そのものを尊ぶこと、大切にすることだ。問題があれば指摘するのは、相手を大切に思うからこそなのである。

第二に、相手が大切に思っているものを尊重することだ。

近頃、カッとなって暴言を吐く高齢者がふえているという。そう言えば、電車のなかで、隣席で話し込んでいる親子に、大声で、

「うるさい！　いい加減にしたらどうだ」

と噛みついたり、店員と目が合うと、

「オレのどこがおかしいんだ。馬鹿にするな！」

などと怒鳴り散らす年輩者を見かける。理由はいろいろあるだろうが、そこには、

〈オレをもっと大事にしろ、大切に扱え〉

という〝叫び〟があるように思えてならない。

かつて活躍し、尊重された人たちが、高齢が故に、粗末《そまつ》に扱われる。

彼らが大切にしているものに理解を示し、尊重したいものだ。

「カッ」となったら、そこでひと呼吸！

過剰な期待が怒りを爆発させる

〝瞬間湯沸かし器〟という綽名《あだな》の女性がいる。

彼女は、「こうありたい」「こうあってほしい」という期待が人一倍強く、したがって期待が外れると、怒りの感情が爆発する。

世の中、期待通りいかないものだし、相手だって思い通りになってくれないことが多いから、程度の差はあれ、たいていの人は、カッとなったりムカついたりすることになる。イライラを抱えて、感情が爆発寸前というときもある。

感情を爆発させると、

●自分がみじめになる

●相手との関係が悪くなる

など、ろくなことはない。そこで、ブレーキをどうかけるかだが、その前に、カッとなりやすい状況をいくつか取り上げておこう。

期待といえば聞こえはよいが、その中身は意外に自分勝手なものが多いのも事実だろう。

反対されると感情的になる女性

あなたの身近に、こんな人はいないだろうか。自分の考えはすでに決まっているのに、同僚に相談したりする人である。

「資料の保管場所だけど、どこに移したらいいかしら」

男性は、こういう相談にはまともに乗るほうだから、「そうね」と、ちょっと考えてから、意見を述べる。

「窓側の左隅がいいよ」

すると彼女が即答する。

「あそこはいや。右手の奥がいいと思う」

「右の奥に置くと通るときの邪魔になる。やっぱり窓の左がいいよ」

「どうして、私の言うことにいつも反対なの！　私は相談してるのよ！」

相談と言いながら、彼女は自分の考えに賛成してほしいだけなのだ。賛成してもらえると、「ありがとう」と笑顔で応じるが、反対されると、ムッとなる。意見に反対はつきものである。

初めから自分の意見が決まっているなら、それを述べたうえで、「あなたの意見を聞かせて」というのが順序だろう。

反対されたからと、腹立ちまぎれに相手を責めるのはおかしい。相談に同意や賛成だけを期待するのは、ワガママというものだろう。

話が好きな女性と、話が苦手な男性

次によくあるのは、話を聞いてもらえるという期待。この期待が覆《くつがえ》されて、「頭にくる」というのは、職場、家庭、オフタイムなどで、しばしば見受ける光景である。

よく言われることだが、女性は話好きの人が多い。人に会ったら、お喋りをするのが、なによりの楽しみ。だから、最近あったことやそこで自分が感じたことなど、聞いてくれる相手がほしい。

職場では、上司に、仕事や人間関係の悩みを聞いてくれるものと期待する。上司のなかには、この期待を煽（あお）るように、

「何かあったら遠慮なく言ってくれよ。どんなことでも聞くから」

などと言い出す人がいる。

だが、上司は多忙ということもあって、女性の期待は裏切られることが多い。上司としては、できもしないリップサービスはやめること。女性も、上司はいつも話を聞いてくれるものと、期待しすぎないことだ。そうでないと、聞いてくれない上司に、絶えずイライラしていなければならない。

家庭でも、妻は夫と話すのを楽しみにしているが、肝心の夫はといえば、黙りがちだ。

「お帰りなさい。日帰り出張、大変だったわね。どうだったの、仕事のほうは?」

「うん、まずまずだ」

「仙台は寒かったんじゃない？」

「そうね」

「仙台の支店長さんには、私も一度、会社のパーティでお目にかかっているんだけど、お元気だった？」

「元気だよ」

夫の素気《そっけ》ない応え方に、妻はイライラし始める。

一般に、男性は話すのが億劫《おっくう》で、疲れて帰ってきたときぐらい、黙って気を休めたいと思う。一方、女性は家にいるときぐらい、二人で会話を楽しみたい、という思いが強いようだ。

作家の田辺聖子さんが、ある対談で次のように話していた。

日本の亭主に対する不満で、女の人がいちばん先にあげるのは、喋らないということでしょう。家に帰ってからお喋りしてくれない。女の人は喋りたいのに、ちっとも喋ってくれない。

ここでも、話してくれない、聞いてくれない夫に、妻は腹を立てる。そして、「どうして話をしないの？」「私とは話したくないの？」と、非難のまじった質問を発したりする。

「別にそういうわけじゃないけど」

男としては、答えようがない質問なのだ。

そこへ、さらに、

「私のことが嫌いになったんでしょ」

とのひと言で、彼はたまらず、声を荒《あ》らげる。

「いい加減にしてくれよ！」

腹立ちまぎれの妻のひと言が、夫を巻き込み、口喧嘩《くちげんか》となってしまう。

こんなことにならないために、心得ておきたい。男というのは、話すのが苦手なのだ。女性と違って、話すのは楽しみではなく、負担でもある。男が喋らないのは、それだけの理由にすぎない。特別不機嫌なわけでもなく、ましてやあなたが嫌いになったわけでもない。

「何か話してよ」

「何かって？」

「今日、会社でどうだったの？　話すことぐらい、一杯あるんじゃない？」

女性からすれば、話すことはすぐ浮かんでくるが、男はそうはいかない。

私にしても、話し方の講師でありながら、「今日、講演どうだった？」と、妻に聞かれると、すぐには話すことが浮かんでこない。

「うーん、まァまァだね」

このあとを受けて、妻が喋り出す。

「私ね、この頃思うんだけど、最近の人って……」

たいていの場合、私は「うん」「そう」となんとなく聞いているだけなのだ。

若い男女の間でも、男性がお喋りに乗ってこないと、女性は不満を抱くようだ。

先日も、新宿駅西口の交番前で、若い二人のこんなやりとりを耳にした。

「ねえ、私がメールしたのに、なんで返事くれなかったの？」

「いや、仕事が忙しくてさ」

「こっちは何回もメールしたのに。メールぐらい、簡単に入れられるじゃないの」

女性にとって簡単だからといって、男性もそうだとはかぎらない。具体的な用件がある場合は別だが、ただなんとなく近況を知らせるだけとなると、考え込んでしまう人も少なくないはずだ。

女性にとってメールはお喋りの延長、男性には連絡手段である、という話を聞いたことがある。

メールがこないのは、男性がメールを苦手とするからである。ただそれだけのこと。なのに、「なぜ連絡してくれないの?」と、責め立てたら、そのうち、嫌われかねない。短いメールを打って、しばらくなにもしないでおけば、逆に彼のほうが気になって、メールをよこすかもしれない。

怒りの感情をどう表現するか

「約束」となると、期待とは違って、実行して当然という考え方がある。「約束は守る」というルールがあって、仕事や人づき合いの支えになっているからだ。

それだけに、期待を満たされない場合より、約束を破られたときの「怒り」の感情のほうが相当に強くなる。

上司が、「次回必ず、プレゼンテーションの機会を与える」と約束しておきながら、いざとなったらプレゼンをほかの者にまわして、知らん顔。

〈ひどい！〉

と、怒りが爆発しそうになる。

彼が、つき合って一年目になる記念日のデートの約束をすっぽかす。

〈許せない！〉

怒りと悲しみが込み上げてくる。

こうした激しい感情はどのように表現したらよいか。

①我慢しないこと

我慢すれば、一時しのぎの解決にはなるが、問題を先送りするだけで、根本的な解決にはならない。理由は二つある。

第一は、我慢しても態度にあらわれる。表情がこわばったり、動作が不自然になる。

「感情は、そっとしまい込んでおくには強力すぎる。いつかは外ににじみ出るか、爆発する」

と言われる通り、表現しなければ解決にならない。

第二に、我慢して抑え込んだとしても、相手から甘く見られる。

「彼女は怒らせたって平気さ。何も言わないいんだから」

相手はこんなふうに、タカをくくる。

②カッとなったまま、感情を吐き出さない

頭に血がのぼり、そのままの状態で、

「馬鹿にするのもいい加減にして！　私をなんだと思っているの。もう、あなたの顔なんか見たくない」

目をつり上げ、声を張り上げ、怒りをぶちまける。心のどこかで、〈いけない、言いすぎだ〉と思っても、もう止まらない。

感情的になってものを言うことと、自分の感情を伝えることとは同じではない。カッとなったその瞬間、立ち止まって一呼吸おこう。一呼吸とは、自分をとりもどす間合いのことだ。

自分をとりもどして、落ち着きがもどったらどう言うかを考える。感情を伝えるのは、それからでも遅くない。

③怒りの感情を引き起こした原因を考える

一呼吸おいて、間合いをとってから、なぜ腹を立てたのか、考えるのだ。

「あなたがそんないい加減な人だとは知らなかった。きっとうまく隠してたんだわ。この一年間って、いったい何だったの！」

などと叫ぶ前に、なぜあんなに腹が立ったのかを考えてみる。自分が軽視されているのではないか、彼の中に占める自分の位置が思ったほど重要でないのでは……などの思いから、不安になった。そうとわかれば、不安が怒りの感情のもとだと気づく。

④怒りの原因になった感情を伝える

「いま、私、とても不安なの。あなたが、私のことをそれほど大事に考えてないんじゃないかって」

可能なかぎり、ひと言ひと言しっかり伝えるのだ。怒りをぶつけられるよりも、相手は自分のやったことの影響について考えることになるだろう。

「あなたって、どうしてそんなにあてにならない人なの。もういいわ、頼まない！」

怒りのままに言葉を発するあなたから、一瞬立ち止まって、自分の感情を覗《のぞ》き込みつつ考えられるあなたになれば、次のような表現が可能になるだろう。

「正直言って、私、とても困ってるの。あなたが予定通り仕事を仕上げてくれないんで、スケジュールが狂ってしまったの」

⑤怒りの感情は自分が引き起こしたもの

頭にくると、つい、口に出すセリフに、

「私を怒らせないでよ」

「なんであなたは、そうやって私を怒らせるの」

怒っているのは自分であり、怒りの感情は自分のものである。

急いでいるときにかぎって、意地悪でもしているみたいに、信号が赤に変わる。

時間に余裕があるときは、ホームに上ると、ちょうどそこへ電車が入ってくる。

時間がないとき、逆に、目の前で電車が発車してしまう。まるで、わざとのように感じるが、もちろん、そう感じるのは自分のほうである。

プレゼンテーションの機会を提供してくれなかった上司に対して、「ひどい」と、怒っているのはあなたなのである。

〈上司は失敗させたくないと思ったのかも。もっと力をつけるように、と考えて、今回、私は見送られたのかもしれない〉

そう考えると、怒りは静まる。上司に、

「この次までに、もっと勉強しておきます」

と、笑顔で言ってみる。どれも、自分でそう感じてすることである。あなたにまわすことを、上司がうっかり忘れていたとしても、このように言われた上司は、たぶん、

〈彼女、なかなかだね〉

と、評価するだろう。

怒りの感情を相手のせいにばかりしていたのでは、対処の選択肢が狭くなる。

人に期待しすぎないこと

人には長所もあれば、欠点もある。ところが、人にあまりに期待しすぎると、長所ばかり目に入って、欠点が見えなくなってしまう。

先輩が、後輩に期待をかけ、面倒をみる。

「彼女、やる気はあるし、頭もいいのよ。それに、なにより人柄がいいでしょう。だから、彼女は伸びるわよ」

そう周囲にも言いふらし、先輩は何かにつけ、アドバイスを与え、ことあるごとに、激励する。とはいえ、どんなに優秀にみえる人でも、思わぬ欠点がある。期待しすぎる先輩が、欠点に気がつくと、急に手のひらを返したように叱りとばし、攻撃をする。期待を裏切られた怒りの感情がそうさせる。

自分が過剰な期待を寄せたことに気づかない。後輩にしても、あまり期待され、買いかぶられると窮屈になる。苦しくなって、故意に手を抜いたりする人もいる。

こんな言葉がある。

人類について知れば知るほど、期待することが少なくなった。そうして、以前よりは楽な気分で、人をいい人だと呼べるようになった。

サムエル・ジョンソンという人の言葉だ。

私も何度、この言葉になぐさめられたかわからない。

第2章

美しく魅力的な女性の「話し方」

●運を開き、人格が磨かれ、成長する

「お喋り」から実のある「会話」へ

お喋りは文化である

以前は、よく、こんなことを口にする人がいたものだ。

「女のお喋りに花は咲くけど、実はならない」

年輩の男性がもっともらしく言っていた。

でも、気にすることはない。お喋りを苦手とする男性が、楽しそうに喋る女性をやっかんで、偉そうに言った言葉でしかない、と思えばいい。事実その通りだと、私は思う。

お喋りは日常、人とかかわり、ふれ合っていくための基本となる能力である。家族や親戚はもちろん、地域社会でも人とつき合う時間の長い女性は、お喋り上手になって、周りの人と良好な関係を保っていく必要がある。

女性が話す能力を発達させたのは、そのためである、と説く人もいる。もちろん、男性にも話がうまく、弁の立つ人はいる。ただ、その能力は、説明や議論などに向けられ、お喋りでは女性にかなわないのが現状だろう。

これまで女性は得意なお喋りで、人との関係を築き維持してきた。

だが、そのお喋りも、
●自分のことだけ
●一方的に
●長々と
続くようだと、人から嫌われ、「単なるお喋り」と評判を落とすことになる。

〝花〟のある女性の会話に〝実〟をつけるには、
●相手のことに関心を向ける
●喋る一方でなく、やりとりを活発にする
●気転をきかせて短めに話す
の三点が伴うことが望まれる。

思いやりのある言葉で救われた!

会話のやりとりは一瞬一瞬で消えていくものだが、不思議にいつまでも記憶に残っているひと言がある。

小学五年生の当時、学校まで走れば二分で行けるところに、私たち一家は住んでいた。一家といっても、父が亡くなり、母と妹と私の三人家族で、戦後の貧しい時期、細々と暮らしていたのだが……。

翌日の家庭科の時間に、グループに分かれて材料と食器を持ちよって、昼食をつくる実習が行なわれることになった。私は、副級長の山口さんという女の子がリーダーのグループに入ったのだが、「ご飯蒸し器を持ってきて」と彼女に言われて、簡単にOKした。

ところが、わが家のご飯蒸し器は、マキが燃える煤《すす》で真っ黒、おまけに片側がへこんで、そのうえフタのツマミがとれて、新聞紙を丸めて代わりに突っ込んである。みっともなくて、持っていける代物ではなかった。

翌朝、困った私は学校を休んだ。母は仕事で外出、妹は早く学校に行くので、好きに休めたから、二階の部屋に閉じこもり、ひとりでマンガを読んで、ゴロゴロしていた。

すると十一時頃、表で「福田さん」「タケシ君」と声がする。なんと、グループの連中が、ご飯蒸し器を取りにきてしまった。万事休す。学校が近いことを、このときぐらい恨《うら》んだことはない。

しぶしぶ表に出てみると、山口さんを先頭に、グループの子供たちが立っている。笑われるのを承知で、家に引っ込み、ご飯蒸し器を脇に抱えてみんなの前に出て、山口さんに差し出した。

すると、どうだろう、彼女は大きな声で、精一杯感心したように言った。

「ワァ、大きなご飯蒸し、これならおいもがたくさんふかせるわ、ありがとう」

みんなもつられるように、「本当だ」「大きいね」と、声をあげている。

何十年も前の、あのときの山口さんのひと言が、いまも私の心に残っているのは、私に恥をかかせまいとの思いやりが、言葉にあふれるほど込められていたからだろう。

会話の中のちょっとしたひと言に、思いやりがさり気なく込められていると、言われた者の心に残るだけでなく、話し手を輝かせる。

事態を好転させる〝思いがけない〟ひと言

会話のやりとりに、ちょっとした思いがけなさが加わると、楽しさが増すものだ。話し方の講師の一人、Aさんの話である。

奥さんの誕生日に、何かプレゼントしようと思って、「ほしいものは?」と尋ねたところ、奥さんからこんな答えが返ってきた。

「以前のあなたがほしい」

奥さんがどんな表情でこの言葉を発したかわからないが、ちょっと意外性があって面白い。軽い緊張感を伴ったひと言でもある。これに、どう答えたらよいか。

「そんなの無理だよ」

「以前というと、いつ頃の?」

「タイムスリップでも、しろって言うのかい」

などが頭に浮かぶが、どれも冴えない。

「これからのぼくで、どうだろう」

「期待しているわ」

こんな具合にいけばいいが……。

心に余裕があると、気転のきいたひと言が返せる。ほんの少し角度を変えて物事を見る。そして短いひと言で表現してみる。会話が生きてくる。

タイミングよく「聞き役」にまわる

お喋りタイプと無口なタイプ

女性のなかにも、「お喋りが得意」「話すのが大好き」という人もいれば、「お喋りは不得意」「話すのは好きではない」という人もいて、当然だろう。

確かに、口数が少なく、無口の女性も存在する。彼女は黙っていて、聞かれないと自分から話さない。口を開いても、ひと言で終わる。

「どこから来たのですか?」「北海道です」

「北海道は広いですけど、どのあたりですか?」「帯広です」

といった具合。話すのが好き、お喋りが得意という人の場合は……。

「どこから来たのですか?」

「北海道の帯広から来ました。ご存知かもしれませんが、いまではすっかり有名になっている〝豚丼《ぶたどん》〟、実は帯広が発祥の地なんです」

「へえ、知りませんでした」

「それから、新千歳《ちとせ》空港のお土産売場には、六花亭《ろっかてい》のバターサンドやチョコレートが一杯置いてあるのですが、その六花亭の本社が帯広なんですよ」

聞かれたわけでもないのに、ポンポンと話が飛び出して、賑《にぎ》やかなお喋りが続く。

このように、お喋りタイプの人は話す一方となり、片や無口の人は聞くだけということになりやすい。

喋るのが好きな人は、自分だけ一方的に話さないことである。相手にだって話したいことがあるのだ。黙っているほうが性に合っている人にしても、話したいことは必ずあるはずだ。

一方、無口の人は相手の話を黙って聞くのではなく、あいづちを打ったり、返し方を工夫して会話を盛り上げる、働きかけが必要になる。

そこで、本物の話し上手の居場所とは、話す一方、聞く一方のちょうど中間地帯である。特に、話し手としてよく喋りながら、タイミングを見はからって、さり気なく聞き役に転ずる人は、会話の本当に上手な人と言える。

話しながら〝引く〟ことのできる人

話が得意な人は、喋り慣れている。それだけに話し方が巧《たく》みで、次々に面白い話が飛び出してくる。そのうち話に夢中になって、自分の話術に酔ってしまう。こうなると、聞き手の反応に気づかなくなって、突っ走ってしまう。
面白い話をしながらも、自分のなかにもう一人の自分がいて、聞き手の反応に目を配る。そのもう一人の自分が、
〈喋りすぎてるよ〉

◉本物の話し上手とは？

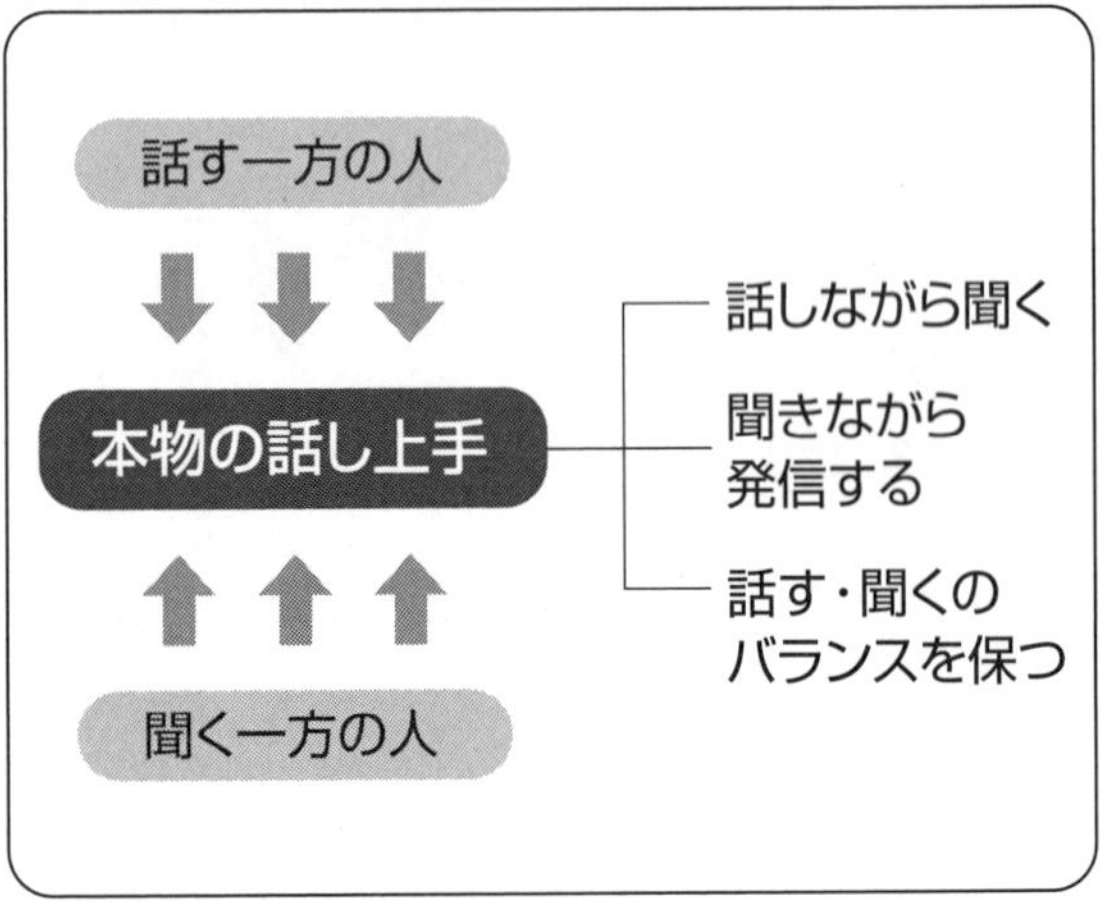

〈その辺でやめておいたほうがいい〉
〈話したそうな顔の人がいるわよ〉
などと、話している自分に囁《ささや》く。自分のなかでのこのやりとりは、直感的に行なわれる。

　普段から、コミュニケーションが発信のみで一直線に進まないように、心を配る習慣をつけておくことである。

　話しながらも、相手の反応に応じて聞き役に転じられるように、意識的に訓練をしておくと、やがて直感が働いて、自然に聞き役にまわることができる。クルマの運転同様、走りながら、いつでもブレーキをかけられるようにしておくのである。

「力を入れて、力を抜く」

言葉にすると、難しそうに思えるが、普段のコミュニケーションのなかで、体で覚えていくこと。具体的には、

●見て話す

●話しながら間をとる

●相手を話に誘う

という三点が大事になる。

質問をして相手に話を振る

よく喋るのに、相手にも話し手になってもらい、会話のやりとりをスムーズに進めていける人。そんな人が、あなたの周囲にもいるに違いない。もしかして、気づかないだけで、あなたもそのような話し手の一人かもしれない。

そうした人によく見かけるのは、会話の途中で質問を投げかけるやり方である。

あるとき、知り合いの女性と忘年会をめぐって話をしていた。彼女は早口で元気よく喋っていたが、ふと、こんな質問をして、話を私に振ってきた。

「忘年会の日、仕事が入っていて、そこから会場に駆けつけるのと、その日はなにもなくて、早目に会場に行くのと、どっちが好きですか?」

「そうね。出先から駆けつけると、もう忘年会が始まっていて、みんなに、『よッ、待ってました!』と、拍手で迎えられるなんていうのは気持ちがいいな。案外、目立ちたがり屋なのかね」

彼女は熱心な聞き手にまわり、いつの間にか、話し上手のポジションに収まっていた。

感じのいい「NO!」の言い出し方

断り方の上手な人、下手な人

仕事に追われる日々のなかで、人に頼まれたことを全部、OKして引き受けていたのでは身がもたない。

でも、断るとなると、言いづらい。上司や先輩に「ぜひ」「そこをなんとか」と言われると、仕方なく、

「わかりました」

と引き受けてしまう。引き受けてから、

「やんなっちゃう」

「自分でやればいいのに、人に押しつけて」

と、ぶつぶつ文句を言う人もいる。

あるＩＴ企業に勤めるＴさんは、上司から無理に頼まれて、

「私だって忙しいんですよ。でも、やらなけりゃならないのなら、やりますよ」

と、引き受けようとしたところ、上司は、

「忙しいことぐらいわかっている。それでもやってほしいって言ってるんだ。なんだ、その言い方は！」

と怒り出した。そのうえ、

「頼まれたら気持ちよく引き受けるものだ」

と叱られて、親しい女友達に、

「私、会社やめたくなった」

と洩らしたそうだ。

こんな話を耳にすると、〝断り方〟を身につけて、無理な頼みを上手に断ることがいかに大切かが、わかろうというものだ。

断り方が上手な人は、断っても相手に嫌われない。断られた相手の気持ちを傷つけないように、気を配るからである。下手な人は、断ることで自分が恨まれたり、嫌われるのを恐れて、中途半端な断り方をして、結果的に、相手にいやな思いをさせてしまうのだ。自分にこだわるか、相手に気を配るかの違いである。

断るときは先手で

頼む側と断る側。どちらのほうが心理的負担が大きいのだろうか。

借金のお願い、異性へのプロポーズ、急な残業の依頼など、どれをとっても、頼むほうに断られることへの恐れ、不安があって、そのぶん心理的な負担は大きい。ＮＯを言うあなたは、このことを承知しておかなくてはならない。

ＮＯに対して抱く、相手の恐れや不安。これをどう和らげるかに、断り方のすべてがかかっているといっても、言いすぎではない。

心理的に有利であるのに、逆に不利のように感じている人は、頼んでくる相手のほうが大変なのだと思えば、気がラクになるだろう。相手を考える余裕も生まれる。

そこで、断ると決めたら、

「先手で断る」

ことだ。その場で返事を保留したとしても翌日、相手に催促される前に、ＮＯであることを先に言う。相手に余計な期待――反面は不安――を抱かせないためにも、長引かせるのはよくない。やがて、断るあなたも、言い出しにくくなる。ましてて、放っておいて忘れたりしたら、こちらが不利になり、信頼を失ってしまう。

ＮＯは早く言うに越したことはない。

「ごめんなさい」のひと言を忘れない

断るほうが有利だからといって、頭ごなしに、

「ダメです。できません」

では、相手を傷つける。それに、あなたを頼りにしている相手に失礼でもある。

断りの前置きとして、

「ごめんなさい」「悪いですね」「申しわけないのですが」「本当にすみません」

などの、依頼に応じられないことをすまなく思う気持ちを、言葉に出してはっきり伝える必要がある。後輩から、食事に誘われたときの断りでも、

「用事があるからダメ」

では、素っ気ない。

「ごめんね。今日は用事があって行けないの」

と、ＮＯであっても、やんわりと言えば、相手はかえって、

「いいえ、突然声をかけたりして、こちらこそ、ごめんなさい」

と恐縮するだろう。

先輩に、急な頼みをされたとき、

「突然言われても困るんですけど」

といった言い方をしていないだろうか。

「すみません。午前中に言ってもらえれば、なんとかなったのですが」

これなら、相手にいやな思いをさせないですむ。

断りの理由をうやむやにしない

人間は、理由がわかれば納得する。

今夜早く帰ってきて、と奥さんから言われて……。

「いや、今夜は早く帰れない」

「どうして?」

「仕事だよ」

「何の仕事？」

「仕事でいろいろあって」

「いろいろじゃわからないわ。何があるんですか？」

「うるさいな！」

夫婦の間で、こんなやりとりは日常茶飯事。男性は、とかく説明を求められると面倒くさがる。でも、理由が不明では納得できないのが当然。面倒がる男が悪い。

彼から映画への誘いの電話。あいにくその日、会社で新しいマニュアル作成の仕事があるため、時間がとれない。

「ごめんね。仕事が忙しくてダメなの」

とNOの理由を言う。

「がっかりだな。この前も仕事が忙しいって言ってたね」

「ええ、このところ、仕事が重なっちゃって」

仕事というだけでは、中身が不明で、彼は不安になる。もしかして、オレを避

けているのでは、などと要《い》らぬ詮索《せんさく》もまねきかねない。ここは、

「今度会ったとき、詳しく説明するね」

と、ひと言つけ加えておくことだ。不安を除くことが、感じよくNOを言うコツである。

人の心が読めれば「頼み上手」になれる

誰もが抱く「人の役に立ちたい」との思い

定年退職後、家に閉じこもってばかりいる夫を、なんとか外に連れ出そうと試みたKさん。

「外に出ると気持ちがいいわ」

「家にばかりいたら、運動不足で体に悪いわよ」

「人に接しないと、ボケが早いってよ」

などと、夫のためを思って声をかけるのだが、応じようとしない。むしろ、反

発して、

「キミみたいに、出歩くのが好きじゃないんだ、オレは」

「放っといてくれ。うるさいんだ!」

と、そっぽを向いて、まったく聞き入れようとしない。

あるとき、思いついて、方法を変えてみた。

「ねえ、あなた、お願いがあるの。買い物に行くのつき合ってくれない。近頃、心配になってきたのよ。この前も、買い物をして、レジに財布を置き忘れそうになってね。親切な店員さんが教えてくれたからよかったけど、ボケちゃったのかなと、自信なくしちゃった。それに、階段を降りるときも、ころびそうになるの。あなたに一緒に行ってもらえると、安心できるんだけど」

あれほど、外に出たがらなかった夫が、

「困った奴だな。仕様がない。一緒に行ってやろう」

と、しぶしぶながらも応じてくれたそうである。

「あなたのために」ではなく、「あなたが頼り」。

こう言われると、「それなら」と、人はやる気になる。自分は役に立つ存在だと思いたいのが、人間なのだ。

自分の都合を優先させない

会社から帰ると、すぐに家内から、

「あなたに聞いてほしいことがあるの」

と言われる。

「あとにしてくれないか」

「あとでは困る。いま、聞いてほしい」

「こっちだって、疲れて帰ってきて、いきなりじゃ困るよ」

「あなたは、いつだってあとにしてくれ、明日にしろと言って、聞いてくれたためしがないんだから」

よくある、お馴染みのパターン。もしも、

「隣の奥さんのことで、ちょっと聞いてほしいことがあるんだけど。そうねえ、一休みして、九時頃はどうかしら」

といった具合に言ってくれたら、

「わかった、九時ね、いいよ」

と応じられるのだが。


休みの日、今日の予定を考えている最中に、

「あなた、手伝ってほしいのよ」

と、突然、用事を持ち込まれる。

「なにも、いまでなくてもいいだろう」

「こっちにも都合があるんだから、いまやってほしいのよ」

「オレにだって予定があるんだ」

「なにもしてないじゃないの。そう、手伝いたくないの?」

「わかったよ」

夫は、しぶしぶ立ち上がる。ここは、次のように言い換えてみたらどうだろう。

◉協力を引き出す上手な頼み方・３則

① 期待を込めて話す

「○○さんにぜひ、お願いしたいのです」

「あなたにまかせると、安心できるの」

② 突然でなく、相手の都合を確かめる

「何時頃なら、よろしいですか?」

「30分ほど、お時間をいただきたいのですが……」

③ どうしてほしいか、はっきり伝える

「できれば1週間で仕上げていただきたいのです」

「私、お腹すいちゃった。ね、何か食べよう」


「あなた、頼みたいことがあるんだけど、いつならいい？」

「時間はどのくらい？」

「そうね、ベランダのところを片付けたいんで、三十分もあればいいと思う」

「いますぐが、いいのかい？」

「できればね」

こんな具合にトントン拍子にいくかもしれない。

職場で仕事を頼む場合もそうだが、自分の都合だけで突然、話を持ち出すと、相手に警戒される。まず、どんな用件か、いつがいいかを確かめることだ。簡単なことのようだが、これが意外とできていない。要注意である。

要求をはっきり伝える

先輩の男性社員に相談しようと思い、声をかける。

「あのー」

「なんだい？」

「先輩は、元気がよくていいですね」

「まァね。で、どうしたの、大丈夫？」

「ええ、大丈夫です……」

「そう、それならいいけど」

彼女の内心の「話を聞いてほしい」という声は、先輩の心に届かない。あとでこのことを知った先輩は、〈だったら、はっきり言ってくれればいいのに〉と首をかしげる。

こうしてほしいという要求は、遠慮せずに、はっきり口に出さないと伝わらない。特に男性は言葉の表面に反応するから、わかってもらえないことが多い。

交際中の二人。歩きながら、彼女が話しかける。

「ね、何か食べたくない？」

彼の答えはこうだった。

「そうね、オレはまだ大丈夫だよ」

私なども、相手が何か食べたがっているのに気づかずに、こういう答え方をしてしまう。鈍感と言われそうだが、できれば、

「お腹すいちゃった。ね、何か食べよう」

と、言ってほしい。

頼んだのに断られると、相手を責めたくなる。その前に、自分の頼み方に問題はなかったかどうか振り返ろう。頼み上手になると、周囲があなたに協力を惜しまなくなる。

あなたの魅力を損なう、こんな「陰口・悪口」

人はなぜ悪口を言うのか

他人の悪口を言えば自分に返ってくる。だから、悪口なんか言うものじゃない。昔、母親から言われた記憶がある。

〈でも、ね。悪口はつい、言っちゃうんだよね。気分がいいしね〉

と、これは私の感想であり、事実、他人の悪口をつい、口にしてしまうこともある。しかし、言うほうは気分がよくても、つき合わされるほうは、決して気分がいいものではない。

悪口というものは、なぜ言いたくなるのだろうか。

第一の理由は、相手への不満だろう。ラ・ブルュイエールのこんな言葉がある。

人に満足することは、なんと難しいことか。

それゆえに、悪口も絶えないということか。

もう一つ思い当たるのは、自信のなさである。自信のある人は、突然怒り出したり、人の悪口を滔々《とうとう》と述べたりしないのではないか。

悪口は直接、その人には言いにくいもので、たいていの場合、そこにいない人の悪口を言うことになる。悪口を言うときの後ろめたさもここにある。

悪口を言うとき、言われている人のほうが立派に思えてくるのも、そのためかもしれない。

その証拠に、女友達につき合っている彼の悪口を言ったりすると、彼への不満と同時に、自分にはないよいところがあるとの思いが、ちらっと心をかすめたりする。女性にかぎらず、男性もそうなのだ。

ライバルの悪口を言っているとき、〈ひょっとして、奴のほうが上かも〉などという思いがすると、それを否定したいがために、いっそう悪口を言いたくなる。

不満と後ろめたさ――この二つの葛藤のドラマが悪口なのである。

ストレス発散としての悪口

居酒屋で、上司、先輩の悪口を言っているサラリーマンは、溜《た》まった不満、すなわちストレスを吐き出しているのである。その場に参加したあなたも、巻き込まれて、

「課長には頭にきますよ。ひどいですよ、あれはないと思うわ」

などと、悪口が飛び出してしまう。こんなとき、悪口に加わらず、

「私、人の悪口言うのって嫌いなの」

では、座がシラけるか、一人浮いてしまうことになる。この種の悪口は愚痴《ぐち》に近いもので、それを利口ぶって「私、嫌いなの」などと言うからシラけるのである。

日頃、悪口は嫌いと言っていた女性が、大酔っ払いをして、先輩女性の悪口を言い始めた。まるで別人のように、次から次へと悪口が飛び出し、悪態をついた。周囲の人は、せっかくの心地よい酔いが醒《さ》めてしまったとのことである。

度のすぎた悪口は、その人の魅力を半減させる。一気に、興ざめさせることに

なる。

許される〝ほどのよい〟悪口

会話に悪口はつきもの、これを禁じるのは無理である。禁じるほど、逆に悪口を言いたくなる。とすれば、悪口と上手につき合うほうが無理のない態度であろう。

心得として、第一に、度を越えないこと。

何事も程度問題で、度がすぎた悪口は慎まなくてはならない。度がすぎた悪口とは、聞く者の許容範囲を越えた悪口を言う。悪意を伴った、激しい悪口と言ってもよい。

「あの人の心には冷たい血しか流れてないのよ。でなければ、あんなひどいことができるはずないわよ。あんな人、生きてる価値がないわ」

いくらなんでも、これは言いすぎだ。聞くほうだって、耳をふさぎたくなる。

「私、あの人のミスをかばったのよ。それなのに、仕事の遅れを私のせいにして、課長に言いつけたんだから、彼女。自分だけいい子になるなんて、ひどいじゃないの。いったい、どういう人かと思っちゃったわよ」

この程度なら、聞くほうも受け入れられる。とはいえ、腹立ちまぎれに、「彼女なんか、やめちゃえばいいんだ。あれじゃ、彼氏だってできっこないよ」とエスカレートすると、危険水域に入り、共感が得られなくなる。

「そうよね」「それはないよ」と言ってくれる範囲にとどめておこう。

第二に、悪口を聞いてくれる相手を選ぶこと。

ライバルの悪口が言いたくなったとき、職場の同僚を相手に選ぶのはどんなものか。

ライバルの悪口は、嫉妬《しっと》が伴う。嫉妬は危険な感情で、悪口も過激になりやすい。それに同じ職場だけに、いつ本人の耳に入らないともかぎらない。話の相手としては、親しい女友達がよいだろう。

たとえば、いまつき合っている彼に、

「A子っていい格好ばかりしてるのよ。頭がよさそうだけど、本当はたいしたことない。私、よく知ってるの。可愛い顔して、平気で、私の悪口なんか、ほかの人に言ってるんだから」

彼にしたって、こんな話は聞きたくはないだろう。〈自分だって、その人の悪口を言ってるじゃないか〉と、逆に非難されかねない。

夫なら聞いてくれるだろうが、度がすぎると、「いい加減にしろ」と言われる。

最後に、念のため。

他人の悪口を言うのはよいが、自分もやるべきこと、できることはちゃんとやっていないと、その資格がない。「課長は何もしてくれない」と言う以上、自分はちゃんと仕事をしていることが前提となる。

素直に謝れる人は〝度胸〟がある

「素直」と「安易」の違い

矛盾するようだが、私は女性には、簡単に「ごめんなさい」と言ってほしくない。「簡単に」とは、「安易に」と言い換えてもよい。つまり、「素直に」と「安易に」とは違うと、言いたいのである。

何かあると、すぐ「ごめんなさい」を口にする人がいる。

「キミ、例の書類、どうした？」

「ごめんなさい、すぐ持って行きます」

「Nさんに、電話しておいてくれた？」

「ごめんなさい、さっき入れておきました」

「A子さん、出かけようか」

「ごめんなさい、すぐ仕度します」

といった具合。「ハイ」の代わりに「ごめんなさい」。何の抵抗もなく、話し手の口から、スラスラと流れ出てくる「ごめんなさい」に、こちらは抵抗を感じてしまう。

私は、なぜか、勝気で負けず嫌いな女性《ひと》を好むところがある。加えて明るい女性なら、言うことなしである。このタイプの女性は、簡単に「ごめんなさい」を

口にしない。こちらからすれば、明らかに彼女に非があると思える場合でも、なかなか謝ろうとしない。つい、意地になって、

「ごめんなさいくらい、言ったらどうだ」

と迫るのだが、彼女もおいそれとは譲らない。人をてこずらせ、一筋縄ではいかない女性には独特の魅力と存在感がある。なぜだろう。

第一に、自分の発言や行動に自信があるため、話し方が凛《りん》としている。爽やかと言ってもよい。

第二に、もちろん、誰にも間違いはある。間違えて、自分に非があるとわかったとき、一転して、謝ることができる。

ここで、「素直」と「安易」の違いに、もう一度、話をもどしてみよう。

たとえば、「困るね、キミ」と言われたとき、考えもせず謝ってしまうのは、「安易」であって、「素直」とは異なる。

きちんと手順を踏んでやった仕事に対して、

「いちいち、そんな手間をかける奴がいるか」

と、上司に叱られたとしよう。

だが、手順をしっかり踏まないと、あとで問題が生じた場合、かえって手間がかかってしまう。そこで、

「お言葉を返すようですが」

と、自分の考えを述べようとすると、上司が言った。

「いまは時間が大事なんだ」

このひと言で、〈そうか、いまは時間のほうが優先するんだ〉と、理解できたときに、

「ごめんなさい、気がつきませんでした」

と謝るのが、「素直」な態度である。

限度を越えて自分のやり方にこだわったり、誤りとわかりながら、「そう言われても」と、いつまでも身を守って、謝ろうとしないのは、素直な態度とは言えない。

「謝る」には心の葛藤が伴う

間違いを認めるときには、心のなかに抵抗が生じる。その抵抗を乗り越えて発する「ごめんなさい」だからこそ、価値がある。

一般的に見て、自分の判断や行動に自信がある人ほど、間違えた自分が腹立たしく、〈なんて馬鹿なことを〉と思いつつも、間違いを認めたがらない。

「彼女って、プライドが高いから、頭が下げられないんじゃない？」

などと言われる人も、謝るのに強い抵抗を覚える。でも、本物のプライドとは、謝ったあとに自分を支えてくれる力のことである。

〈私に本物のプライドがあれば、この葛藤は乗り越えられる〉

大変だが、そう言いきかせよう。

また、逆に自分に自信がなく、謝って「評価が下がる」「ダメな人間と思われる」のを恐れる人にとっても、素直に「ごめんなさい」と言うのは、容易ではない。

「どうして、こっちの希望をちゃんと言わなかったんだ」

と指摘されて、言えなかった自分を認めるのが恐い。そこで、

「でも、私にはそこまでの権限がありませんから」

などと、弁解に走る。弁解は自分を守ってくれない。かえって評価を落とす。

人間、誰にも間違いはある。同時に、間違わずにやっていることだって、たくさんあるのだ。間違い＝ダメな人間は、思い込みにすぎない。

そう思えれば、

「すみません、間違えました」

と、素直に言えるようになるだろう。

「ごめんなさい」はすぐに発してこそ力を発揮

知り合いの女性に、「謝るのが得意です」と、笑顔で言う人がいる。別に奇をてらっているわけではない。謝りの言葉が自然に出てくるのである。

このような人は、謝るべきだとの判断を直感的に下せるのではないか。だから、謝るとなると早い。葛藤を飛び越えて、一瞬のうちに、「ごめんなさい」のひと言を発する。

あるとき、私が、「そういう言い方は、ないんじゃないか」と、軽く注意したら、

「あ、そうね。ごめんなさい」

と即座に、謝ってくれたのには驚いた。

タイミングを外して後手にまわると、謝りの言葉は生きない。素早いことは、謝るうえで欠かせない要素だと思う。

さらに、謝る場面では、相手からの厳しい非難にさらされることが多いが、怖《お》じけずに耐えていけるだけの度胸があるのではないだろうか。普段は声を立てて笑い、楽しそうに振る舞っているが、ここ一番となると、肝がすわる。

さっと立ち上がって全身で、

「ごめんなさい！」

と、きちんと言う。

いざとなったとき、彼女にかぎらず、女性は男性より度胸があるようだ。素直に謝れるようになると、それだけ人は成長するのである。

聡明な女性はなぜ、「説明」の仕方がうまいのか？

「お喋り」と「説明」はどう違うか

宅急便の創始者である、小倉昌男氏は著書『「なんでだろう」から仕事は始まる！』（講談社刊）のなかで、こんな言葉を残している。

どんな仕事にも、物事をうまく説明する能力は求められる。『仕事ができる』とは、『うまく説明できる』ことではないかと、思うことさえある。

女性が携わる仕事にも、説明を必要とする業務が急激にふえている。説明が不充分だと、説明責任を問われたり、クレーム発生の原因となったりする時代である。まさに、「どんな仕事にも、物事をうまく説明する能力」が求められており、説明上手な女性は、仕事のできる女性と見られ、周囲からも頼りにされる。

要領よく、つまり、手短に要点をついた説明ができる女性に会うと、〈彼女、頭がいいんだなァ〉と思ってしまう。

私の仕事仲間が、ふと洩らした。

「説明の上手な人は、聡明《そうめい》なのはもちろんですが、美しく見えますね」

説明がわかりやすいと、美人にもなれるのだ。こんな大切な話し方の技術を、女性の皆さんは大いに磨いて自分のものにしない手はないと思うのだが、どうしたことか、お喋りが上手で、得意としている人でも、説明となると、「苦手です」などと言って、尻込みをする。

お喋りは、楽しく面白く話すのが目的だから、話があちこちに飛ぶほうが、賑やかで盛り上がる。一方、説明は「わかりやすく」が中心になるため、整理して、順序よく話す必要がある。説明が苦手という女性が口にする、

「私の話は支離滅裂で、あちこちに飛んで、うまくまとまらないんですよ」

というフレーズは、会話と説明の違いをよく物語っている。

すなわち、説明においては、

「整理して順序よく話す」ことが、大事なのである。わかりやすく説明するための大原則と言ってよい。

話す前に頭のなかを整理する

お喋りが得意な女性は、ともすると頭に浮かぶまま、思いつくままに話し出してしまう。その結果、とりとめのない話になって、何のことかわからない話になったりする。ときに、話し手本人まで、「私、何を話してるんだっけ」などと言い出す。それを知りたいのは、もちろん、こちらのほうである。

説明するときは、初めに頭のなかを整理することである。

後輩のT子さんに関して、気になることがある。そこで、なんとかならないものかと、本人に話し出す。

「T子さん、なんとかならない？　というのも、この前も用意してもらったプレゼンの資料、シートが一枚、入れ間違っていたわよね。あなたも、『ごめんなさい』って謝ってくれたからいいんだけど、でも、ああいうのって、間違えないようにしないとね。あなた、自分の性格って考えたことある？　私もそそっかしいほうで、よく失敗するんだけど、失敗すると、落ち込むのよね。あなたは、気にしないほうでしょう。いい性格なんだけど……」

こういう話を長々と続けられると、いったい相手は何が言いたいのか、わからなくなる。

話す前に、何が気になるのか、どうしてほしいのかを考えてみる。いろいろなことが浮かんでくるが、整理していくと、

「自分の失敗を、もっと気にしてほしい」

「同じ失敗をしないために、どうするかをよく考えること」

「同じ失敗を繰り返す人は成長しない」

などのポイントがはっきりしてくる。そうすれば、

「今日はあなたに、三つのことが話したい」

と、切り出すことができる。以後、三つの点にそって話を進めていけば、まと

まりのあるわかりやすい話になる。

話したいことのアウトラインを先に示し、話しながら、いま言っていることと、さっきふれたことと、どうつながるかを説明する。人はつながりがわかると、〈なるほど、そういうことなの〉と理解できる。そのためにも、整理して、順序よく話す習慣を身につけよう。

一時に一事を話す

同時に、あれもこれもと話すのは、聞く者をとまどわせる。困ったことに、女性の話し手は、一度に多くのことを話したがる。話しているうちに、いろいろなことが浮かんできて、「それからね」「こないだもね」「そうそう、こういうことも」などと、話が多方面にわたってしまう。

ところが、男性は同時に、いくつものことを処理することができない。テレビを見ているというのに、家内が話し出す。

「私ね、キャベツダイエットっていうの、興味ある。やってみようと思ってるの。

近所の農家で、朝行くとキャベツ売ってるでしょ。農家も二軒あってね。おばあちゃんが出てくるほうが、高いのよ」

〈ああ、頼むからいろいろ言わないでくれ、いま、テレビに集中しているんだから〉

こんな経験は、妻帯者なら誰にでもあるはずだ。

男性にわからせるには、一度に一つのことを話すこと。これを忘れないでほしい。女性は、同時にいくつもの話を聞き分けられるらしいが、聞いて人に伝える場合は、「整理して」「一つずつ」が原則となる。

見守りながら、それとなく気づかせるのも大事!

喋りすぎは嫌われる

私は子供の頃、喘息《ぜんそく》を患《わずら》った。夜明けに発作がやってきて、気管支が収縮し、息苦しくなる。寝ていられなくなって、布団の上に座って、枕を抱きかかえ、背を丸めて、じっとしている。

心配して、母親がかたわらにきて、

「大丈夫?」

「薬飲んだほうがいいよ」

「布団、かけてあげようか?」

「困ったね、つらそうね」

「代わってやりたいけどね」

などと、声をかけてくれる。心配して言ってくれるのはわかるのだが、私としては放っておいてほしかった。イライラして、

「うるさいな」「あっち行っててよ」「大丈夫だから」

などと、駄々《だだ》をこね、母親を困らせた。

父親は見かねて、たまにやってくると、私を背負って庭に出る。無言のまま、狭い庭を、二度、三度行ったり来たりしてもどってくる。

黙っていてくれるのが、私にはありがたかった。

大人になっても喘息は相変わらずだ。夜明けに発作が出て、布団の上に座り込む。家内が、

「大丈夫?」

「薬、飲んだほうがいいんじゃない?」

「今日、仕事どうなっているの?」

などなど。ここでも、私は、

「静かにしてくれ」

と、冷たく言い放って、不機嫌になる。

女性は、母性本能がそうさせるのか、とにかく、心配して、よく話しかけてくる。男は、独りで考え込む。発作を和らげる方法、今日の仕事のスケジュールなどについて。だから、いろいろ言われたくないのだ。

ある夜、家内が、「よかったら」とだけ言って、毛布をよこした。枕を抱えて座っていた私は、背中に毛布をかけた。ありがたかった。言いたいのを我慢しているのが伝わってきて、小声で「ありがとう」と、呟《つぶや》いた記憶がある。

心配になる。気になる。でも、それを口にして、次々に話しかけるのは、相手と場合による。男は、自分で考え、自分でやることを好む。やろうとしていることを、相手に先に言われると、抵抗を感じて、

「言われなくても、わかっている」

「いちいち、うるさいな」

と、文句を言い始める。意見を求められた場合以外、黙って見守るのも、大切なコミュニケーションの一つである。

プレッシャーをかけておいて、突然引く

U子さんは、上司から、あるセミナーへ参加するように言われた。リーダーシップの向上がテーマなので、〈リーダーでないのになぜ?〉と思って質問すると、

「あなたもそろそろリーダー的な立場で頑張ってもらいたいので、このセミナーを受講して、リーダーシップの向上に努めてほしいの。よろしくね」

とのこと。そこへ、もうひと言。

「高い受講料を負担するんだから、しっかり勉強してもらわないと困ります」

この言葉がU子さんには重荷になった。

〈誰か、ほかの人に代わってほしい〉

正直なところ、そんな思いで前日を迎え、冴えない顔で、

「明日から二日間、セミナーに行ってきます」

と、上司にあいさつに行ったところ、

「ああ、そうだったわね。それほど期待しているわけじゃないからね」

と言われた。

「えッ⁉」

驚いて上司の顔を見ると、ニコニコ顔だった。U子さんの肩から力がぬけて、
思わず、

「ありがとうございます」

と言ってしまい、二人で顔を見合わせ、大笑いになった。

押しておいて、一気に引く。こんな気づかせ方もあることを、U子さんの例は

示している。

同じ目線で、それとなく声をかける

「あなたは頭がいいんだから、もっともっとやれるはずよ。ウチの課の期待がかかっているんだから、頑張ってよ」

こんなふうに言われたら、

〈そうか、期待されているんだ。頑張らなきゃ〉

と、意気に感じて奮闘する人もいるかもしれないが、むしろ期待に反して、やる気をなくす人のほうが多いのではないか。

真面目でやる気充分の女性が先輩になったり、新人の指導役になったりすると、張り切りすぎて、相手にプレッシャーを与えてしまうケースがある。

期待は、かけるほうもかけられるほうも、行きすぎると、力が入りすぎて、お互いやりづらくなる。

「どう、調子のほうは？」

「ええ、ぼちぼち」

自然にこんなやりとりが交わせる状態のほうが、かえって力が発揮でき、人も育っていく。

リーダーになると、使命感にかられて、あれもこれもと、頑張りすぎる人がいる。メンバーとの間に温度差が生じ、目線が高くなる。

メンバーと一緒に同じ目線で話し、失敗談などを披露してメンバーを笑わせ、いまだに、仕事にぬけ落ちがあるメンバーに向かって、ひと言、

「確認って大事よね」

と言って気づかせる。

足元に水溜まりがあるのに気づいた人は、またいで通る。気づかない人には、さり気なく気づかせればよいのである。

ほめてほしいところをほめる「ほめ上手」

男のプライドは強がりの裏返し

男性がプライドと称して、「プライドが許さない」「オレにだってプライドがある」などと騒ぎ立てるのは、自信のなさからくるもので、ニセモノのプライドにすぎない。自信のある人は、めったに騒いだり、怒ったりしないものだ。

男なら、誰でも、〈私は仕事ができる〉〈オレは女性にもてる〉〈自分は周囲から頼りにされている〉と思っているが、これはあくまで、そうありたいという願望であって、実際はそうでないことに、自分でも、うすうす気づいている。

もう少し細かく言えば、「仕事ができたり、できなかったり」「女性にもてたり、もてなかったり」「頼りにされたり、されなかったり」の間を往復しているのだ。そして、「できない」「もてない」「されない」に傾斜する自分を恐れているのが、大方の男性諸氏であって、私もその一人なのである。

だから、若い女性に、

「先生って、やさしいから、若い女性にもてるでしょうね」

などと言われると、

「からかっちゃいけないよ」

と、打ち消しながらも、内心、喜んだりする。

たいていの男は、自信がなく、心は不安で揺れ動いているのである。それを隠そうと、偽物のプライドで強がりを言っているにすぎない。

ほめ言葉、特に、女性からのほめ言葉は、自信のない男性に自信を与え、心の揺れを少なくさせ、いい気分にさせる働きをする。

かつて職場に、I君という後輩がいた。彼に彼女ができた。彼女はほめ上手な人だった。I君は、仕事はそこそこできるのに、いつも自信がなさそうで、控え目だった。その彼が彼女とつき合っていくにつれて明るくなり、ミーティングでも自分から発言するようになった。

人は、自信がないと自分のよい面が見えなくなる。逆に、その良さに気づくと、自信が芽生えてくるのである。相手の良さに気づかせるのが、ほめ言葉の力なのだ。

男のほめ方、女のほめ方

知り合いの男性が苦笑まじりに、こんな話を聞かせてくれた。

夜は、女房がテレビをつけるんですね。こちらが本を読んでいると、テレビの音がうるさくて、気が散って仕様がないんです。

「うるさいから、テレビ消してくれるかな」

って言うんですが、

「あら、面白いじゃない。あなたも見れば」

と言われると、妙に抵抗したくなるもので、くるっと背中を向けて、本に集中しようとするんですが、うるさいことに変わりありません。

ところがある晩、テレビをつけた彼女が、私に気をつかったのか、音を小さく

したんです。〈珍しいことがあるものだ〉と思って、翌朝、

「キミも気がきくね。テレビのボリュームを下げてくれたね。お蔭で、本が読めたよ」

と彼女をほめました。すると、

「あんな小さな音でも、私の耳には聞こえるのよ。耳、いいでしょ」

と、彼女は得意そうです。

〈そうか、耳をほめてやればよかったのか〉と気づいたときは、あとの祭り。先に耳がよいことを指摘するべきだったのです。


人をほめるときには、三つのポイントがある。

①ほめてほしいところをほめる
自分がほめたいことと、相手がほめてほしいこととが違う場合がある。ほめるときは、相手がほめてほしいところをほめることである。

とはいえ、それには相手の気持ちが考えられないと、なかなかうまくいかない。得てして、男性は自分のことに引き寄せて考えてしまうので、気をつけなければならない。

資料が予定より早く仕上がった。「やったあ」と喜んでいると、男性の先輩が、「もうできたの。すごいね、お蔭でこっちも早く進められて助かる」と、ほめてくれた。一方、近くにいた先輩の女性のほめ方は、次のようだった。「すごいじゃないの。近頃、あなた、パソコンの腕、上げたね。早くなったし、それに図表がきれいに仕上がってるわ」

彼女の一番ほめてほしかったところを指摘したほめ方だった。

ほめるのに必要なのは、相手のよいところを見る力である。一般には、「長所」と言われる部分だが、本人が充分自覚していて、何度もほめられている長所をほめても、相手にすればいつものことで、別段嬉しく感じない。ほめ上手の人は、

●長所なのに、本人は長所と考えていない点
●変化、成長してよくなった点

の二つに目を向けてほめる。

②心を込めてほめる

A子さんは同僚のM子さんから、

「A子は一つひとつをキチンと仕上げていくから、偉いわ。ちょっと器用だと、適当に手を抜く人がいるけど、あなたは違う。すごいことよ」

と、心を込めてほめられた。

こんなふうに言われて嬉しくならない人はいない。

③ライバルをほめる

誰でも、ライバルの長所はほめたくない。ほめても口先で言うから、お世辞、皮肉になりやすい。心からライバルをほめられたら、一歩前進だ。

よくほめる人ほど、よくほめられる。ほめられたいと思うなら、自分がほめることである。

“失敗”したときこそ、明るく詫びる

失敗は受け止め方しだい

「失敗を恐れるな」とは再三耳にする言葉だが、誰だって失敗したくないし、失敗は恐ろしい。

とはいえ、人間にとって失敗は避けることのできない事態であって、問題は失敗をどう受け止めるかである。

失敗すると、ショックですっかり落ち込んでしまう人がいる。反対に気にしないで、ケロッとしている人もいる。

落ち込んで激しい自己嫌悪に陥る人はウジウジと考え込み、前向きな思考ができなくなり、よくないと思っているようだが、必ずしもマイナスばかりとはかぎらない。いったん谷底に落ち込んで苦しむことによって、物事をよく考えるようになる。自分を深めてくれるというプラス面もある。

気にしないで平気でいられる人は、落ち込み派からは羨《うらや》ましく感じられる。落ち込みが少なく、立ち直りが早い。プラス思考のできる人として、一般にも評価が高い。

とはいえ、気にもせず、悩みもしない人は、心の葛藤に乏しく、「まあいいか」と、問題を安易に処理する傾向がある。考え込むことがないため、失敗から学びとることが少ない。

失敗を通して学んでいくからこそ、失敗には価値がある。学ぶためには、落ち込んで苦しむ経験が必要なのだ。

失敗した人に、

「気にすることないわよ」

「平気、平気、心配しないで」

などと、励ましの言葉をかけるのもよいが、失敗で苦しんだことのない人は、精神的に弱いのではなかろうか。

「いいのよ、気にしなくて」と言われても、気にして考え込む人のほうが心が鍛《きた》えられる。

失敗をしても深刻にならない

失敗した場合、相手にどのような態度をとるか。たいていの人は、「きちんと謝る」「弁解に走る」のどちらかの態度をとる。

失敗して落ち込むことも必要だと述べたが、それは自分の心のなかでのことである。失敗したあと、他の人に向かってどのような態度をとるかは、別の問題である。

落ち込み派が、心中の悩みをそのまま外に出して、暗い顔のまま、「自分にいや気がさしました」「我ながら情けなく思います」などと、しおれた態度を見せるのは、やめるべきだ。

失敗は、周囲の人に迷惑をかける行為である。相手の心を傷つけ、仕事の予定を狂わせ、ときには会社の信用を落とすことにもなりかねない。

前に紹介した『スヌーピーたちの人生案内』に、こんな言葉が載っている。

もし誰かの気持ちを傷つけたら、一番いい治療法はただちにあやまることです。

「こんな失敗をして、自分が情けなくなりました」などと言っている暇があったら、「ただちに謝る」ことである。

とはいえ、一方に心の葛藤を抱えつつ、ただちに謝るのは容易ではない。そこで考えられる策がある。それは、

「失敗を笑い飛ばす」

というものである。失敗という「暗い」出来事を、笑いという衣裳でくるんで、明るく飾り立てようという企《くわだ》てである。

M子さんは、失敗すると、

「おっと！」

と、弾みをつけるように言って、こう続ける。

「またやっちゃった！」

「ハハハ」と、陽気に笑い飛ばす。声に力があり、笑い声も大きいので、爽や

かで、暗い感じがしない。そして、

「すみません、私が言い忘れました」

と、きちんと詫《わ》びる。彼女は「おっと！」のひと声で、自分の葛藤をいったん脇におくのである。


一方、I子さんは、「笑いでごまかす」タイプである。

「困るじゃない。ちゃんと連絡してくれなくちゃ。いま、お客さんに電話したら、ついさっき女性の人に伝えておいたんだけど、聞いてなかったのかね。お宅の会社、どうなってるのかって、怒られちゃった」

こう言われてI子さんは答える。

「机の上にメモを置いておきました」

「メモか、うん、これね。でも、ひと言、言ってくれないとね」

「席にいらっしゃらなかったので、メモに書いておいたんですけどね」

彼女は笑いながら、〈いけませんでした？〉とでも言いたげな表情をする。

Ｉ子さんの笑いは、自分の言い忘れた失敗を、相手のせいにしてごまかしているのだ。その笑い方にも、Ｍ子さんのような明るさは感じられない。失敗を気にしながら、自分を守ろうとして、弁解をしているからである。

失敗を笑い飛ばす態度は、情けない失敗をした自分を隠さずに表に出してコケにする、もう一人の自分を持つことができて、可能になるのである。

第3章

初対面でも愛され、感謝される「話し方」

●誰とでも〝いい人間関係〟をつくれる女性のスキル

初対面でも〝苦手意識〟がなくなる話し方

互いに忍ばせる警戒心

人は誰でも、〝警戒心〟と〝親近感〟の両方をあわせ持っている。会話の上手な女性は、人との間に親近感を育てるのがうまい。

初対面の相手に会って、人がまず抱くのは緊張感である。緊張感から、警戒心へ向かうか、親近感につながるかは、話し手の出方しだいなのである。

初対面の人との間で緊張感が走るのは、主に二つの理由からである。

①お互いに相手のことがわからない
②初対面の場に慣れていない

②に関して、女性との接触が少ない男性が、初対面の女性に会った場合、強い緊張感を味わうのは、ごく当然のことだろう。女性のなかにも、

「初対面の人とは、緊張してうまく話せない」

という人がいるが、相手の人も、場合によっては、いっそう緊張しているかもしれないのである。決して、自分だけが緊張しているのではない。

そうとわかれば、初対面の人にも声をかけて、場に馴染んでいくことからスタートしたらどうだろう。

初対面の人に声をかける、こんな練習法

話し方の「会話講座」では、一週間のうちに、初対面の人、三人に声をかけて、どんな様子だったかを報告してもらう。講座に参加した人たちは、それぞれ自分の生活のなかで、見知らぬ人に、なんとか声をかけなくてはならない。

三十代の女性は、マンションから駅に向かう間に時折見かける若い女性に、駅の近くの交差点で、信号待ちしているときに、

「お早うございます」

と、思い切って声をかけた。若い女性はちょっと緊張した様子だったが、それ

でも笑顔を浮かべて、「お早うございます」と返してきた。

「私、いつもこの時間に、電車で代々木まで行くんですけど、ときどきあなたを見かけるもので、それで声をかけさせてもらったんです」

「私も、二、三度、お見かけしたことありますよ」

人懐《ひとなつ》っこい笑顔が親しみを持てて、二人は駅まで並んで歩きながら、お喋りをした。彼女とはその週にもう一度会って、仲良くなった。

〈私たち、友達になれそう〉

彼女はそう思った。

ほかにもエレベーターホールの前で一人、さらにビルのなかの通路で鉢合わせになりそうになって、二言、三言、言葉を交わした男性の、計三人に話しかけた体験を、彼女は報告してくれた。

「いままで、知らない人に、自分から話しかけた経験はありませんでしたけど、今回、声をかけてみて、相手も気持ちよく応えてくれるので、声をかけてよかったと思います。それに、友達も一人できそうですし……」

緊張しているもの同士、同じ目線で話しかければ、警戒心もほぐれていくのである。

普通のひと言をかければよい

初対面のときに、いいところを見せようと背伸びして、気のきいたセリフを一生懸命探す人がいる。

しかし、このやり方には無理がある。

第一に、かえって緊張して、普段の自分が出なくなる。

第二に、仮にうまくいったとしても、最初の印象がよすぎると、二回目以降苦労することになる。

目的はリラックスして話すことにある。緊張感から親近感への流れをつくるのに、無理はないほうがよい。

「同じ目線で」と、先ほど述べたのは、背伸びしたり、へりくだったりするのをやめて、緊張している相手と同じところに立つという意味である。目線が同じところにあると、緊張もほぐれて、親しみやすさが生まれてくる。

言葉をかけるにも、普通の言葉でよいのである。


山陽新幹線に乗って帰京する際、私は若い女性と、隣り合わせの席になった。

さて、どんな言葉をかけようか。

〈何か気のきいた一言を〉

つい思ってしまったが、すぐには見つからない。すると、彼女、お弁当を開いて、

「失礼します」

と、小声で言うと、食べ始めた。彼女の弁当を見ながら、

「おいしそうなお弁当ですね」

と話しかけたところ、彼女から、

「ありがとうございます」

という答えが笑顔とともに返ってきた。明るくて素直なひと言に、親しみが持てた。実は私も、昼食用にパンを何種類か買ってきていた。「ぼくも失礼して」

と断って、テーブルの上にパンを拡げる。すると、彼女からも声がかかった。

「おいしそうなパンですね」

さあ、なんて答えようか。「ありがとう」では彼女と同じになってしまう。そこで、

「よかったら一つ、いかがですか？」

と、すすめてみた。

「じゃ、これ、いただいていいですか？」

なんと、私の一番お気に入りのパンを指差《ゆびさ》すではないか。もちろん、「あ、それは困るんです」とは言えないから、

「これね、ハイ」

と、手にとって、そのパンを渡した。なんだか急に親しくなった感じがした。

以後、東京まで、二人でずっとお喋りをした。

この若い女性は、特別の言葉を発したのではない。

「ありがとうございます」――なんの変哲もないひと言を口にしたにすぎない。そのあとの二言、三言も、着飾った言葉でなく、普段着の言葉である。

こうした自然な、普段のままの言葉のやりとりが、警戒心を除き、親近感を育てるのである。

相手がとまどっているとすれば緊張のせいだ。普段の言葉と笑顔で、緊張をほぐすように努めよう。

初対面は、人との新たな出会いが予感されるシーンである。どんな出会いが待っているか、楽しみではないか。

さり気なく〝好印象〟を与える聞き方のコツ

聞くことでも自分をアピールできる

楽しそうに喋っている人を見ると、こちらも楽しくなる。それはいいのだが、問題は「喋りすぎ」である。熱くなって自分のことばかり喋るのでは、聞くほうは逆に醒《さ》めてしまう。それに、言いたいことだけ言って、こちらが話し出すとうわの空だったりする。

話し方で一番大事なのは、聞き手にまわったときである。

人は、自分が話しているときの聞き手の反応に強く影響される。男性は、女性が思っている以上に〝気にしすぎ屋〟で、話を聞いているときの女性の態度にわずかな変化があっても気になり、心が揺れ動く。

男性とのコミュニケーションでは、話すときよりも、聞くときに熱心になりたいものだ。相手が話している最中に、周りを見まわしたり、下を向いたり、髪の毛をいじったり、ケータイをチェックしたりするだけでも、気分を損ねる人は少なくない。

こうした落ち着きのない素振りを見せれば、本気で話を聞いていても、〈聞く気がないんじゃないか〉と、不安な思いを抱く。さらに、〈オレには興味がないのかも〉と、拡大解釈されかねない。

熱心に聞いている姿を、目、表情、うなずきなどによって表現して相手に伝える。自分の話を聞いてもらいたがっている人にとって、こんな嬉しい知らせはない。そんな聞き手を、話し手は、感じのよい人と思うに違いない。

相手の話を途中で遮《さえぎ》らない

女性と会話をしていて、しばしば経験するのは、こちらが話している最中に、突然話を遮《さえぎ》られることである。実は、今朝もそうだった。朝食中のことだ。

「どうするかなァ、そうだね、十一時少し前に出かけようかな。そうすれば、事務所に着いてから準備もできるし、それに……」

突然、家内が窓のほうを見ながら、

「あ、庭にまた、鳥が来た。見てごらんなさい、あんな大きな」

「いま、オレが話してるんじゃないか。まったく……」

不機嫌になって、私は話を続ける気がしなくなる。こちらが黙ると、びっくりして、言葉をかけてきた。

「どうしたの？　話を続けてくださいよ」

「もういい。話したくない」

「あなた、何をそんなに怒ってるんですか。子供みたい」

「もういいと言ってるんだ！」

大人気ない話だが、私は急いで朝食をすませて、さっさと二階に上がってしまった。よくあるパターンでわかっているはずなのに、同じ反応・態度を繰り返してしまう。

女性は、話を聞きながら、同時にいろいろなことを思い浮かべる。注意をあちこちに分散していて、一瞬、パッと別のことが閃《ひらめ》くと同時に、言葉が口から飛び出す。

窓から、鳥が庭の木に止まるのが目に入ると、そこからさまざまな連想が浮かんできて、話さずにはいられなくなるらしい。そう承知しているつもりでも、不意に関係ない話を持ち出されると、腹を立ててしまうのである。

相手が話しているときは、話を遮らない。聞くときの最低限のルールにしておきたい。聞きながら、ほかの話題が浮かんできても、すぐには喋り出さないこと。話すほうも、私みたいにすぐ怒り出したりしない、心の余裕を持つようにすべきだろう。

レストランでこんな光景を見かけた。

男性が楽しそうに喋っている。女性も、笑顔で話を受け止め、あいづちをきちんと返して、会話が弾んでいた。女性がテーブルの上の料理を口に運んだ。その瞬間、彼女は驚いたように言った。

「ね、これ、すごくおいしい。ちょっと食べてみて」

その言葉が、彼の話をぷつんととぎらせてしまった。自分の話を遮られた彼は、それにもかかわらず、にこにこしながら言った。

「キミは食べ物となると、目がないからな。話を遮るのはいつものことだもんね」

するとと彼女は、申し訳なさそうに答えた。

「ごめんなさい。この一瞬に味わったおいしさを、あなたにも味わってほしかったの」

二人は顔を見合わせ、ハハハと笑った。彼女の返し方も上手だった。

親しくても〝決めつけ〟は反発をまねく

否定的断定と肯定的断定

決めつける言い方は、それ以外を認めない断定的なものの言い方、口のきき方である。したがって、相手の反発、反論を買うとともに、狭い、片寄った見方に陥る危険がある。

「そう、絶対そうよ」

「そうに決まってるじゃない」

普段口にするこんな言い方も、自分で勝手に決め込んでいる場合、聞く者に違和感を与える。他の意見を受け入れる余地を感じさせないからだ。

作家の山田詠美さんの小説のなかに、

「なぜ、わかりもしない未知を嘆くの」

という言葉が出てくるシーンがある。

未来はすでに決まっているかのように、「どうせ、なるようにしかならないんだから」と決め込んで、あきらめる人は、「わかりもしない未知を嘆く人」なのである。

否定的な断定は人生の可能性を狭《せば》めるが、肯定的な断定、たとえば、「必ず、うまくいく」「絶対、成功する」といった言い方は、弱気な人たちに気をとり直させ、自信を持たせる場合もある。

「うまくいくと思えば必ずうまくいく。世の中、そうなっているのよ」

こう自分に言いきかせるのはよいとして、他人に向かって言うとなるとどうだろう。

こんな言い方をされると、私としては素直に従えなくなる。〈そう、うまくいくわけがないだろう〉という気がするからだ。

「迷ったら、前に出よう」という言葉がある。うまくいかないかもしれないという不安を抱き、迷いながらも前に出る。そこに、人間らしさがある。

決めつけや断定表現は、人間らしさを排除する荒っぽさを伴うため、人の反発を買うのではなかろうか。

よく耳にする決めつけの言葉

意図をもって決めつけた言い方をする人がいる。断定されるとなびいてしまうという、人の弱みにつけ込もうとする人である。たとえば、

「キミって人に誤解されやすいよね。そういうタイプだもの」

などと切り出す。

「そう見えますか、そういうところがあるかしら。でも、よくわかりますね」

「わかるんだよ。キミのような人は損するタイプだ」

だんだん決めつけが強くなるにつれて、言われるほうは、

「そうです、私って損するタイプなんです」

と、断定を受け入れ、〈もっと断定して〉と、歓迎さえするようになる。断定の持つ強さが、暗示効果を発揮するからだ。この効果を利用して、相手を思い通

り操作しようとするのである。

心が弱っている人は、決めつけ、断定に影響されやすい。強い断定に従うのは用心すべきである。何らかの胡散臭《うさんくさ》さが隠されているからだ。

一方、自分でも気づかないで、決めつける言い方をしている場合もある。すなわち、決めつけ、断定は次の三つに大別される。

①意図して言う場合

②気づかずに言っている場合

である。さらに加えれば、

③思わず言ってしまう場合

となる。③については、あとで述べる。まず、②について。

若い女性の話。あるとき、ひと言、ふた言話しただけなのに、相手の男性から、

「キミって、淋しがり屋なんだ」

と言われた。

「いえ、そんなことありませんけど」

「そうだよ。淋しがり屋さんだよ」

決めつけるように言われて、彼女、

〈勝手に決めないで〉

と、反発を感じたという。相手が、「違います」「私はそうは思いません」と否定しているのに、決めつけて譲らない。この男性は決めつけるのがくせになっているが、女性にもこの種の決めつけを知らずにやっている人がいる。

さて、③の「思わず」について。

保育園で、一人の子が乱暴な口のきき方をするので、迎えに来た父親にその旨話したところ、父親は、「でも」と、納得しない様子で、

「ほかの子も、乱暴な言い方をしてますよ」

と言った。これを聞いて、保育士のA子さんは、思わず、

「いいえ、○○ちゃんはいつも、特別強い言い方をするんです」

と決めつけてしまった。ここは一呼吸おいて、

「そうですね、ほかの子にも注意しておきますから、よろしくお願いします」と、答えたいところだ。

物事や人間は、決して一つの側面だけでなく、いくつもの側面を持っている。それぞれの側面に応じて、考える習慣を身につけたいものである。

〝ほめ言葉〟が生きるとき、効果をなくすとき

男性は〝ほめ言葉欠乏症〟

「ほめ方」については第2章ですでに述べた。ここで再び取り上げるのは、ほめるコミュニケーションが大きな力を持つからであり、特に男性に向けてほめ言葉を発するときには、独特のコツがあるからだ。

コミュニケーションにおいて、相手を考えて話すことが大切であることは、いまさら言うまでもない。とはいえ、日常のやりとりでは、つい相手の状況や心情

というものに考えが及ばず、何気なく言葉を発してしまうことも少なくない。その結果、どうなるかと言えば、思いがけない受け取られ方をされて、とまどったりする。

ほめ言葉も、相手の受け取り方を考えないと、思いがけない反応が返ってきて、ときにトラブルのもとになる。これでは、言葉も生きないばかりか、逆効果になってしまう。

一般に女性に比べると、男性はほめられることが少ない。〝ほめ言葉の欠乏症〟に陥っていて、ほめられると過剰反応をする人が多い。そのうえに、もてたがり屋でもある。

たとえば、昨日欠勤した女性社員に、同僚の男性が、

「キミが昨日一日いなくて、淋しかったよ。キミがいてくれると、気持ちがパッと明るくなるんだよな」

と言ったとしても、

「うまいこと言っちゃって。何か頼みたいんでしょ」

と、軽く聞き流せる。反対に、男性が女性に言われたとしたら、どうだろう。

「A君が昨日一日いなくて、淋しかったわ。あなたがいてくれると、私、気持ちがパッと明るくなるの」

こんなふうに言われた男性は、この言葉を心にとどめて、〈もしかして彼女、自分に好意を持っているんじゃないか〉と、早合点しかねないだろう。

メールにハートのマークを入れただけなのに、勘違いされて、

「ゆっくり話したいです。明日の夜六時、アマンドの前で待っています」

とのメールを返されて、驚いた女性もいるとか。よく男性に誤解されて、〈そんなつもりはないのに、困るわ〉と、迷惑そうにしている女性がいる。もしかして、ほめ方が原因で、男性に過剰反応を起こさせたのかもしれない。

個人的な要素でなく、仕事の能力をほめる

職場は仕事をするところである。そこへ私的な感情、なかでも、その気がない男性に、おかしな感情を抱かれると、仕事をするうえで支障をきたす。

男性に対するほめ言葉は「諸刃《もろは》の剣《つるぎ》」で、誤解をまねく危険と、自信を与え、やる気を起こさせるプラス要因との、両面を持っている。

職場で、ほめ言葉が個人に向けられると、誤解をまねく危険が生じる。

「Bさんの説明って、すごくわかりやすいですね。お客さんの評判もいいでしょ」

「さあどうかな。自分じゃわからないね」

「私がお客さんだったら、説明もわかりやすいし、それに話も面白いし、ファンになっちゃいますね」

こうしたBさんよりのほめ方よりも、仕事そのものをほめたほうが、その人の自信につながる。

「この前の会議で、Bさんの発表聞いてたけど、説明がとてもわかりやすかったですよ」

「そうかな。発表って、オレ、自信がないんだよね」

「コンピューターのソフトの説明って、難しいことが多いんですよね。仕事に説明はつきものだと思うんです。いくらコンピューターに詳しくても、わかりやすく説明できなかったら、いい仕事はできませんからね」

「まァ、それは言えるね」

「Bさんは説明がわかりやすいんですから、自信を持ってください。今度のプレゼンもいい結果を出してください」

「おい、おい、いやにハッパをかけるじゃないか」

「だって、ウチの課の売上げがかかっていますからね」


技術は優秀なのに、発表やプレゼンテーションに自信がないBさんに対して、技術「説明がわかりやすい」点をほめて、励ましている。その人の仕事の能力、技術などのよい点に気づいて、そこをほめる。

仕事上で相手のことをほめるには、〝よいところを発見する目〟を持たなくてはならない。ともすると、欠点やダメなところに目が向きやすいが、誰でも人は隠れて見えない能力や、長所を持ち合わせているものだ。隠れた長所を発見してほめれば、相手は自信がわく。

Bさんは、自分でも気づかなかった「説明のわかりやすさ」を女性社員にほめられ、力がわいてきて、次のプレゼンテーションには自信をもって臨むことになるに違いない。

適切なほめ言葉は大きな力を発揮する。

賢明なリーダーは強気に出ない

いまの時代、男性を部下に持つ女性リーダーもふえている。男性を部下に持った途端、〈女だからと甘く見るな〉とばかり強気に出て、反発を買うやり方は賢明ではない。

女性リーダーが男性に対するには、次の三点を心がけるとよい。

①明るいこと
②聞き上手であること
③ほめ上手であること

特に、一人ひとりの部下のよい点を発見して、率直にほめることである。落ち込んでいたり、やる気を失っている部下には、

「明るく声をかけ」

「相手の話を熱心に聞いて」

「よいところに目を向けてほめる」

を実行しよう。

営業の成績が伸び悩んでいる男性に、女性リーダーが同行した。彼は、

「私はもともと口下手で、うまく話せないんですよ」

と、自信なさそうに言った。

お客と話している彼を見ていて、上司は彼をほめた。

「あなたは話し下手なんかじゃないわ。言ってることは的を射ているし、質問にもちゃんと答えてる。ただ、自分で口下手だと思っているから、話し振りに元気がないのよ。自信を持って明るく話せば、必ず伸びますよ」

悩んだり、落ち込んだりしている人は、自分のよさがわからなくなっている。よさをとりもどすために、女性リーダーのほめ言葉が、有効な働きをするのである。

男はこんな〝ほめ言葉〟に弱い

相手が同じ男性でも、交際中の彼、あるいは夫となると、ほめ方も自《おの》ずと違ってくる。〈彼女にとって、自分は必要な存在であり、好かれているんだ〉という実感を、ほめ言葉を通じて相手に感じさせるのが、肝心な点である。

つき合っている相手をほめるとき

いいと思ったところを、率直にほめる——これが基本。

最初のデートで、食事をしながら、突然、女性が手を止めて、

「わあーすごい食欲」

と、感に堪《た》えないといった顔つきで言った。

「それって、ほめ言葉、それとも……」

とまどい気味な男性に彼女は続けた。

「食欲って健康のもとでしょ。ウチは父がずっと体が弱かったんです。悩みの種だったから、健康はいつも気になるんです」

心のこもった話し方だったので、男性は嬉しかったという。

食事を終えて、外に出たとき、

「楽しかった。お話が上手だから、つい引き込まれてしまいました」

といったほめ言葉をひと言添えるのもよいが、心からそう思ってほめないと、単なる社交辞令になってしまい、見透かされることになる。


彼と何回かデートを重ねたが、いつも待ち合わせ時間に正確にやってくる。

〈なかなかできないことだなァ、すごい!〉と思ったなら、

「あなたとつき合うようになってから、私、時間に正確になった。あなたのお蔭だわ」

と、気持ちを込めてほめ、感謝する。相手からすれば当たり前の生活習慣であっても、気持ちを込めてほめられると、照れつつも、嬉しく感じるものだ。

ある日、時間に正確な彼が、珍しく遅れてやってきた。

「遅い！」

一応、すねてみせる。

「心配したんだから」

いつも正確な相手だけに、何かあったのかと、気になるところだろう。

「ケータイも鳴らなかったし」

心配したという気持ちをきちんと伝えておく。ここで、

「いったい、どうしたの？　何かあったの？」

と追及するのは、やめたほうがよい。相手だって、気にしているからだ。

女と男の関係には、ときには「すねる」「ケンカをする」など、起伏があってよい。ほめ言葉も、そうしたなかで生きるのだ。

夫をほめるとき

結婚してしまうと、時とともにお互い、相手をほめることが少なくなる。

結婚前は、髪形が変われば、

「よく似合うよ。落ち着きがあってキミにピッタリだよ」

などとほめていたのに、美容院に行って髪をセットしてきたばかりでも、夫は気がつきもしない。

「ねえ、今日の私、どこか違ってない？　なんて催促するのって、淋しくありませんか」

などと、グチを言う奥さんもいるくらいである。

おかしなもので、相手がほめないと、こちらもほめることをしなくなる。逆に、よくほめる人は、相手からもほめられる。ほめ言葉には、どうやら伝染力があるらしい。

ほめられたいと思ったら、こちらから、どんどんほめることである。

そこで、夫のほめ方の基本は、

「一日一回、よいところを探してほめる」

である。

「一週間に一回、ご主人をほめていますか？」

こんな質問をすると、一瞬、「そうね」といったん間があく。なかには、

「ほめるどころか、会話も満足にしてないいんじゃないかしら」

共働きで、目がまわるように忙しい。お互いゆっくり話す時間もないという現実が、確かにある。とは言っても、会話もほめ言葉もないというのでは、互いに心は離れるばかりだろう。

あえて、「一日一回、相手をほめる」を、努力目標にしてみよう。土曜、日曜の休日はもとより、忙しいウイークデイであっても、朝あるいは晩に顔を合わせたときに、ひと言、ほめ言葉をかける。

相手をほめない理由の一つに、「ほめるところがない」がある。結婚して時を重ねるにしたがって、短所が目につき、長所は見えなくなって、「ほめるところがない」となってしまうのだ。

不思議なことに、かつて長所だったところが、結婚してしばらくすると、短所に変わってしまう。つき合っていた頃は、

「気前がいい」

と感心していたのに、いつの間にか、

「金遣《かねづか》いが荒い」

と、マイナスの評価に転じてしまう。「人が好《い》い」という長所も、「単なるお人好し」に変わる。

相手をほめるために、いま短所と映るところを一度、かつての長所にもどしてみてはどうだろうか。「気前がいい」とほめて、「ボーナスで食器洗い機を買ってもらっちゃった」と、笑顔を見せる奥さんもいる。

長所を探す努力は、相手への関心の低下をふせぐ働きもする。よいところを探すうちに、相手の欠点も受け入れられるようになる。

いまや家事、育児は男女が一緒にやっていく時代だ。とはいえ、女性がその大

半を負担している現実も、少なからずある。とすれば、妻として、夫に「やって当然」の態度で接するのでなく、努力して家事、育児をこなしている夫を「ほめる」ことだ。ほめることは、相手を認めることだからである。

人を不快にさせる〝他人と比べる〟話し方

なぜ他人と比べたがるのか

相手を傷つける気持ちはないのに、なんの気なしに、他人を引き合いに出す。そんな喋り方をしていることに気がついたら、改めたほうがよい。

人は、他人と比較されるのを好まない。たとえば、

「同じ派遣社員でも、この前までいた人とあなたとではずいぶん違うのよね。前の人はみんなに溶け込もうとしない人でね。昼休みなんかも一人でさっと外へ出て、一時ギリギリにもどってくるの。たまには昼ご飯一緒にしないって誘ってもダメだった。でも、あなたは私たちのなかに入って、溶け込んでくれるから助か

るわ。それに……」

以前の人と比較され、「あなたはいい」と〝プラスの比較〟で言われても、素直に喜べない。前の人の悪口を言うために、利用されているような気がするからだ。また、なんの気なしに言っているようだが、不満、イライラ、羨望《せんぼう》が見てとれる。

交際している男性に、彼の友人を引き合いに出して、

「ねえ、Yさんはタバコやめたって。偉いわね」

と、言っただけで、彼はふくれる。

「さあ、いつまで続くかな」

「Yさん、意志が強いから続くでしょ」

「あいつはあいつ、オレはオレだから」

男性がこんなふうに、反発気味になるのには理由がある。

彼女の発言のなかに、〈あなたはタバコがやめられない、意志の弱い人間〉とのメッセージを感じとってしまうからだ。つまり、傷ついてしまうのだ。一方、

彼女の心のなかには、タバコをやめたYさんを羨む気持ちと、相変わらずヘビースモーカーの彼へのいら立ちがある。

他人と比較すれば、反省したり、やる気を起こしたりすると思う人もいるようだが、人の心はそれほど単純ではない。

比較されると腹が立つのは、自尊心が傷つくからである。〈それほど立派な人間じゃないが、自分なりに一生懸命やっているのを、認めてくれてもよさそうなものなのに、他人と比較するとは何事だ〉と思ってしまうのだ。

完璧な人間はいない。誰でも足りないところが一杯ある。よくわかっているはずなのに、期待が邪魔をして、足りないところを他人と比較してしまう。

「私の友達のM子の彼って、社長の息子なの。すごいクルマ乗りまわしているんだって。よくドライブに連れてってくれるらしいのよ」

それに比べてあなたは、と言っているわけではない。でも、そう受け取ってしまう男性もいないとはかぎらない。

「高校時代の同窓会があってね。B君っていう男の子が、コンピューター関係の会社を設立して、社長やってるんだって。年収聞いたら、そりゃサラリーマン時代とは違うけど、苦労もそのぶん大きいからね、だって。格好よかったよ」

男としては、〈社長と比べられてもね〉と苦笑するしかない。もちろん、彼女だって、彼に社長になるのを期待して言ったわけではない。

こんな話をたびたび持ち出すようでは、彼だっていや気がさして、

「社長の息子でも、社長でも、そっちとつき合えばいいだろう」

と、離れていってしまうかもしれない。

いつでも、他人の庭の芝生はきれいに見えるのだ。

比較するなら本人と

何事であろうと、その人と一緒にやっていくのなら、〈その人はその人なのだ〉という現実を受け入れなくてはならない。

職場の上司というのは、仕事を一緒にやっていかねばならない人である。たとえ、

仕事を部下に押しつけ、自分は何もしない人でも、その人のもとを離れて仕事をすることはできない。

ほかの上司と比較してばかりいないで、視点を変えてみる。何もしない上司だからこそ、やりたい仕事を好きにやらせてもらえるとも言える。

相手が彼や夫の場合はどうか。好きで選んだ相手なのだから、まさに、「彼は彼」であって、かけがえのない人である。足りない点があっても、その人を好きになったのだ。彼は彼だから好きになったのに、他人と比較するのは、好きという自分の気持ちが揺れているからではないだろうか。

本当に好きなら、本人と比較すべきだろう。

タバコがやめられない彼に対して、ある女性は率直に質問した。

「タバコをやめると言った私との約束は、いつになったら実行してくれるの？」

「ごめん、ごめん。なかなかやめられなくて。でも、今年中にはやめる」

そう言って、徐々に本数を減らしていった。とはいえ、翌年になっても、まだ吸っている。彼女はなんと言ったか。

「一日に二十本も吸っていたあなたが、近頃では三本か四本に減ったのよね」

「うん、もうちょっとだけどね」

「以前に比べたら、大変な減りようだわ。本当に、もう一息というところね」

かつての本人と比較して言ったのである。

「反論」がうまいと〝存在感〟のある女性になれる

上手な反論の仕方

言った通りに、なんでも「ハイ、ハイ」とやってくれる女性は、扱いやすいと歓迎される。人を思い通りに動かしたがっている者にとっては、都合のよい存在だからである。

その一方、人間は贅沢《ぜいたく》にできていて、従順ばかりの人には、物足りなさを感じる。ときには、反論の一つもしてほしいと思う。それならと、反論に及ぶと、

〈うるさい奴だ〉と不機嫌になり、納得しない相手には、「いい加減にしなさい！」などと怒り出す。

こうした現実を見て、〈どうせ言ったたって聞いてくれないんだから〉と、反論も意見も控えてしまう人がたくさんいる。だが、

「反論があるなら、遠慮なく言ってくれよ」

という、上司のこの種の発言が、たとえポーズだとしても、〝言わないでいる派〟に与《くみ》することはない。言わずにいると、

●受け身の姿勢が身につく
●何を考えているかわからない人として警戒される
●自分の考え、スタンスが曖昧になって、考えない人になってしまう
●睨《にら》まれない代わりに、甘く見られる
●結局、魅力のない人になる

など、自分にとって大きなマイナスを背負うからである。

あなたには、「言わない」ではなく、意見、反論を「言う」人になってほしい。

自分の考え、要求を持ち、それらを相手に発信できる存在感のある女性になってほしい。

会社で部長職を務める知人は、

「プロのビジネスパーソンとは、反論を感じよく言える人のことである」

と言っている。反論は言い争いのイメージを伴うが、争ったり、文句を言ったりするのは下手な反論の仕方である。感じよく反論ができるのが、上手な反論の仕方というものである。

感じよく反論するには、工夫がいる。頭を働かせなくてはならない。ときにはうまくいかないこともあるだろう。とはいえ、そのような経験が、人を成長させるのである。

「反論しても、相手を怒らせない技術」

これを身につけたら、生きていくうえで大きな収穫になる。

◉反論するときは「マジック・フレーズ」で！

お 言葉を返すようですが
生 意気を言うようですが
す みません、ひと言よろしいですか？
ド キドキして、うまく言えるかどうか心配です
お 前に何がわかるかと言われそうで、恐いんですが
申 しわけないですが、聞いていただけますか？
間 違っているかもしれませんが、私、こう思うんです

明るく、爽やかな口調で

聞いてもらうための工夫

上司、先輩は、反論を嫌う。理由は、自分の実績、発言の内容に、ケチをつけられるのではないかとの警戒心からである。したがって、心のなかでは、〈お前に何がわかるか〉という思いを抱きつつ、反論に対して身構えている。

そこへ、いきなり、

「これまでのやり方はおかしいと思います」

「私は課長の案に反対です」

「いまの人員でやれと言われても無理です。できません」

と、反論をぶつけるのでは、相手の

身構えを、いっそう強固にするだけである。

すでに述べた通り、反論の目的は、相手をやっつけることではない。相手の意見に同意できないことを伝え、相手とは異なる自分の考えを述べることである。とすれば、相手に「話を聞こう」という気になってもらわなくてはならない。その意味で、強い口調や、いきなりの否定表現は逆効果なのである。

人の心は警戒心と親近感の間を揺れ動いている。反論は、言うほうも緊張するが、言われるほうも、心は大半、警戒心に傾いている。反論の話の持って行き方としては、相手の気持ちを親近感に近づける工夫をすることである。

そこで役に立つのが、反論の強さを和らげる作用を持つ「マジック・フレーズ」だ。

前ページ上表のようなフレーズである。

いずれも、相手を立て、こちらを低くした表現だが、明るく、爽やかな表情、口調で言うと、相手もほっとして聞く気になる。普段から使い慣れておき、反論の前置きに、自然に出てくるようにするとよい。

手順をきちんと踏む

反論しても、言いっ放しでは、不満、不服をぶつけるだけに終わる。よりよい解決を求めての話し合いと捉え、次の手順を踏んで進めていきたい。

①「マジック・フレーズ」からスタートする
②反論を述べ、その理由、根拠を説明する
③反論に対する相手の反応を把握する
④反対ばかりでなく、解決策を提示する
⑤相手からの質問、反論を聞いて、答える

したがって、反論の内容は整理して、要点を手短に話せるよう、準備しておく。
③以降は、その場の対応だから、話をよく聞いたうえで進めていくこと。

「夫婦の会話」が嚙み合わなくなったときの修繕法

女と男の違いを知ることから

核家族化が進行するとともに、共働きの夫婦がふえてきた。専業主婦の女性たちでも、地域の集会に参加して活動するなど、家に閉じこもることは少なくなった。

夜、家に帰って、今日一日外であったことを喋りたい。話の相手は、核家族ともなると夫しかいない。だが、肝心の夫は帰りが遅く、たまに早く帰宅しても、面倒くさそうにしか聞いてくれない。「キミは話が長い」「もういいだろう」「要するに何が言いたいんだ」といった具合だ。

女性は経験したことを全部話したがり、それは相手も同じだと思ってしまう。

「今日、記念パーティがあったんでしょう。どんなふうだったの？」

ところが、男というものは、

「賑やかだったよ」

と、ひと言で片づけて、それ以上話そうとしない。面倒なのだ。そこで女性は、「話を聞いてくれない」「何も話してくれない」との二つの不満が残る。

その不満の解消にと話を始めると、夫はここでも、「そんなことはない」「じゃ、こうすればいいだろう」「キミのほうが、どうかしている」と打ち消したり、解決策を示したり、非難したりで、話をじっくり聞いてくれない。彼女からすれば、ただ、黙って聞いてくれればいいのであって、それだけで気が晴れるのだ。

こんな言葉がある。

うんざりさせられる人――こちらが聞いてほしいときに、喋る人

皮肉な言葉を集めた『悪魔の小辞典』（岩波書店刊）に載っている。

もちろん、男性にしたって、話したいときもあれば、聞いてもらいたいときもある。そんなとき、女性のほうが落ち着いて話を聞こうとしないと、いら立ちを覚えることがある。

こちらが話しているときに、

●片づけごとを始める

●あたりを動きまわる

●突然、別の話題を持ち出すなどして、じっと聞いてくれないのだ。

女性にすれば、周りを片づけながらも、話はちゃんと聞いているし、立ち上がって動きまわっていても、自分からほかの話題を持ち出しても、聞いていることに変わりはない。同時並行型にできていて、話を聞きながらでも、いろいろなことができるのだ。

一方、男は聞きながらほかのことをされると、自分の話を軽視されているように感じて、面白くないのである。

女性と男性では、コミュニケーションの仕方に違いがある。まず、ここを理解しよう。

お互い、もとは赤の他人

言うまでもなく、知り合って結婚するまでは、赤の他人であった二人である。ものの考え方、感じ方、生活態度、好み、性格など、別々で当然なのである。

ところが、時が経つにつれて、二人の間に、〈そんなこと、当たり前〉という暗黙の了解が生まれてくる。そこに食い違いが生じたときに、互いに相手を責めることになったり、会話が噛み合わなくなったりするのである。

仕事が多忙なところへ、もともと家事は妻にまかせるタイプの夫に対して、

「あなたは、家のことは何もしてくれない」

と、不満顔の妻。

「だったら、何をやってほしいか言ってくれよ。やれって言えばやるんだから」

「何をするかぐらいわかるでしょう。もう何度も言ってるわよ」

「オレの仕事が忙しいのは、キミだって知ってるだろう」

「いつもこうなんだから。同じことを何度も言わせないでよ」

お互い相手のせいにしていたのでは、エスカレートするばかりである。

●家事のことは、仕事が忙しいし、妻にまかせたい
●家事を手伝うのは当然であり、言わなくても気づいてやってほしい

この違いは、二人の生い立ちや、生活習慣、ものの考え方の相違に由来している。もとは赤の他人だったのだから、違うのは当たり前なのだ。違いを理解し合い、認め合うところから、どうすればよいかが見えてくるのだ。

普段の会話を大切にする

仕事に追われている。疲れて家に帰る。話すのが億劫になる……。放っておけば会話の時間は少なくなる一方である。

お互いに理解し合うということ、その結果としての二人の絆《きずな》は、会話に負うところが大きい。二人が一緒にいるだけでなく、会話を交わすことだ。

黙るというのは、自分のなかに閉じこもる姿である。問題なのは、差異があることではない。会話を通じて、差異にどのように対処するかである。会話が噛み合わなくなったときこそ、お互いの違いを知るチャンスなのである。

相手を引かせる〝押しつけがましい〟言い方

押しつけが嫌われる理由

他愛のないことだが、なぜか反発したくなるのは、たとえばこんなときである。

食卓を見ると、皿の上に野菜が山盛りに載せてある。家内いわく――。

「今朝、庭の畑からとってきたばかりの野菜よ。無農薬だし、新鮮だし、とにかくおいしいから、食べてくださいよ。体にいいんだから、残さないで食べてよ」

食べなきゃいけないような気分になって、仕方なしに口に入れるものの、どことなく抵抗がある。次の場合はどうか。

山盛りの野菜を見て、驚く。

「お、これは！」

「今朝、庭の畑からとってきたの」

「ホーレン草みたいだけど」

「そう、ホーレン草よ。食べてみる?」

「キミのつくったホーレン草か」

「ええ。無農薬だから体にいいわよ」

「そうか。どれどれ」

自分から口に入れてみる。味に変わりはないだろうに、その気になって食べると、どこか違う。

「うん、まずまずだね」

先の言い方のように、「さァ、食べて」といった押しつけがないぶん、自分から食べようといった気になってくる。

精神分析学の創始者、ジクムント・フロイトは、「生きること」について語っているが、そのなかで、大切なこととして、

「働くことと愛すること」

の二つをあげている。私のなかにいまもって、大事にしまってある言葉の一つである。

そのフロイトは、人間心理の一面について、

「禁止されるとやりたくなる」

と、指摘している。確かに、人は「やるな」と言われたり、「こうしなさい」と押しつけられると、反発して、あえて、逆らいたくなる心を持っている。

それなのに、どうして、禁じたり、押しつけたりするのだろうか。

相手を自分の思い通りに動かしたいという、他人支配の欲求がそうさせるのではないだろうか。支配欲は男女共通に持っていて、上に立ったり、先輩になったりすると、たいていの人はこの欲にかられるものである。

女性の場合、そこに使命感がプラスされるために、「押しつけ」「おせっかい」が、自分のなかで、役割のごとく認識されてしまう。従順な部下、後輩を可愛がるのも、支配欲と使命感がそうさせる。

とはいえ、大半の人間は支配されたり、押しつけられたりするのを嫌う。なぜ

だろう。

「こうしたほうがよい」「当然、こうしてもらいたい」と押しつけられると、人は反発を覚える。自由を制限されるからである。自分のやることは、自分で決めたい。相手に押しつけられたり、指図《さしず》されたりしたくない。そんな思いから、反発心がわいてくる。

反発すれば、相手との間にイザコザが起こる。それを避けるために従順さを装う人もいたりする。それはいくら従順そうに見えても、心から従っているわけではないことを承知しておく必要がある。

好意の〝押し売り〟は相手に迷惑

自分がいいと思うと、黙っていられなくなって、相手にそうするようにすすめる人がいる。すすめ方が親切を通り越して加熱すると、押しつけ、おせっかいになり、うるさがられる。

相手がいやがっており、反発を感じているのに、それに気づかず、「やったほうがいいわよ」「ぜひ、そうすべきよ」「ね、そうしなさいよ」となると、相手は逃げ出したくなる。このタイプは、中年女性にかぎらない。若い女性にも見かける。しっかり者で、他人の世話をやきたくなるタイプに多い。

いいと思うことを相手にすすめることは、相手のためを思う行為であり、相手のプラスになることだから、すすめてあげなくちゃとばかり、好意の押し売りをしてしまう。

「私は資料の管理はこうしてるの。これって、とっても便利。あなたもやってみれば。ぜひやるといいよ」

相手のためを思っても、「ぜひやるように」となると、相手の自由を束縛することになる。よいことだと思っても、やるかどうかは相手にまかせるのがよい。

相手がよいと思えば、

「そうですね、やってみます」

と、自分から言い出すだろう。

押しつけ、おせっかいな言い方をする人のなかに、「あなたのためを思って」をつけ加える人がいる。

「私はね、あなたの体のためを思って言っているんだからね」

といった具合である。でも、こうした言い方には、素直には聞けないものを感じる。本当は〈自分のためではないのか〉と思えてしまうのだ。

「早く帰ってきてほしい」のは、「あなたの体のため」でなく、「私がそうしてほしい」からなのではないか。だとしたら、こんな恩着せがましい言い方はやめて、

「あなたに早く帰ってきてほしいの。あなたと一緒に話せる時間がもっとほしいのよ」

このほうが率直でもあり、相手の心に響くはずである。

相手を縛ることはできない。

だが、その気にさせることはできるのだ。

第4章

どんなときも好感度がアップする「見た目の技術」

●人の心を打ち、ホッとさせる「笑顔・目線・姿勢・歩き方」

〝気持ち〟のこもらない言葉は見透かされる

〝見た目〟にその人があらわれる

人は目から入る情報に、強く影響される。すなわち、言葉以外の要素――非言語表現――にストレートに反応する。そのうえ、「感じがいい・悪い」「しっかりしている、頼りない」「親しみやすい、気どっている」などなど、見た瞬間に、どちらかに決めてしまう。

脳への伝達のスピードは、言葉よりはるかに速い。初対面で、ひと言の言葉も交わしていない、見ず知らずの相手なのに、その姿を見ただけで、「一目惚れ」したり、「いやな感じ」と拒否したり、自分でも驚くほどの早い判断を下してしまうのだ。即断だけに〝早合点〟ということもときにはあるが、パッと見の印象は、だいたいが当たっている。

理由は〝見た目〟にその人があらわれるからだ。

よく、「人は見た目では判断できない」と言われる。話してみなければ、その人の本当のことはわからない、とも言われる。

だが、これは間違いである。第一に、その人の本当のことなど、いくら話してもわからない。いくら仲のよい男女でも、相手のすべてはわからない。逆に、未知の部分があるからこそ、惹《ひ》かれるのではないか。

第二に、見た目でわからないのは、自分に「見る目がない」からとも言える。黙っていても、見た目に入ってくる姿は、その人自身をあらわしており、語ってもいるのである。

人は言葉では嘘がつける。言葉は便利で、重宝な道具だから、心にもないことを平気で口にすることができる。

「愛してるよ」

と、囁いておきながら、帰りがけに「さよなら」と言って、振り返ってみると、もう姿が見えなかったりする。気のきいた言葉は口にしなくても、振り返ると、そこにいて、笑顔で手を振っている。その姿に、彼の心があらわれているのだ。

あなたの印象は〝見た目〟で決まる

何人かでレストランに入る。居酒屋の暖簾《のれん》をくぐる。テーブルに座ると、店の人が注文をとりにくる。めいめいが好きなものを頼み、やがて賑やかな会話が交わされる。

時間が過ぎ、追加注文などがあって、係りの人が何度かやってくるが、そんなとき、

「たいてい、私のところへ来るんですよね。別に仕切っているわけでもないし、幹事役でもないのに。どこの店に行っても、なぜか、私のところにやって来て、注文を聞いたりするんです」

という女性がいて、改めて彼女の姿を見て、合点がいった。

彼女は、第一に話すとき、相手の目をはっきり見る。第二に、話す前に、親しみのこもった笑顔を相手に向ける。第三に、声がはっきりしている。すなわち、

見た目の印象が相手を惹きつけるのだ。最初に接したとき、好印象を与えるので、つい彼女のほうに吸い寄せられて、二度、三度と行ってしまうのだ。

「それは、あなたが感じがいいからですよ」

「そうですか？　自分ではわからないんですけどね」

人間は、自分で自分の姿を見ることができないので、「自分ではわからない」部分があるのは確かだろう。鏡や相手の反応を通じて、おおよそはつかんでいるつもりでも、それだけでは充分とは言えない。

一方、他人にどう見られるかを意識することで、女性はいっそう美しさを増す。だからといって、濃いメークをしたり、ブランド物で飾り立てる必要はない。どんな心で相手と接するかが自ずと姿にあらわれるから、心が第一。その心を姿かたちにする際の、非言語表現の仕方を心得ておくことが第二に大切になる。

この点について、以下にふれていくことにする。

「笑顔」は最高のメイクである

笑顔は化粧より大事！

最近は、化粧の技術が進んで、メイクをほどこした女性たちは、みなきれいになった。ただ、その美しさは、残念ながら、みな同じように見えてしまう。個人差がなくなり、「平均美人」ができあがったということだろうか。

とはいえ、せっかくきれいになっても、表情が暗かったり、沈んでいたり、能面のようだったりすると、化粧が生きない。化粧も大事、笑顔はもっと大事なのだ。

三十代半ばの女性がこう言っていた。

「私は笑顔のないお店には行きません。笑顔をもらわないと損するから」

笑顔がないと、自分ばかりか相手にも損させてしまうのである。

笑顔の持つすばらしい力

これは、男性からの声である。

「女性の笑顔に特別な力があると思う男性は、少なくないはず。女性の笑顔には大半の男性は負け、そして癒《いや》されます」

笑顔は人の心を和ませる。落ち込んだ人には、「頑張れよ」の言葉よりも励みになるのだ。

NHKの『ためしてガッテン』というテレビ番組で、会話における「笑顔」の果たす役割について、次のような実験結果を紹介していた。

その一つは、男女二人のペア何組かに、「趣味」のことや、「いまハマっていること」などについて、自由に喋ってもらうというもの。ペアの男女は初対面だが、そうしたことなど苦にしないで喋れる、自称〝会話に自信がある〟人たち。

ところが、最初の組は会話が弾まない。女性側から、何度も〝退屈〟を示すブザーが鳴らされた。そこで、別のペア何組かに、同じ条件で会話を始めてもらった。あとからのチームは、賑やかに話が弾み、盛り上がった。ブザーは一度も鳴らなかった。

この違いはなぜ生じたのか。〝笑顔の有無〟に原因があったのだ。最初のチームは、女性が無表情で、笑顔のないままに、会話が行なわれたのに対して、あとのチームは、女性たちが、笑顔一杯で会話に参加したのだった。

会話を盛り上げ、賑やかにしたのは、笑顔の力であった。

実験の二つ目は、面接場面でのやりとりである。一般に面接では、受ける側のほうが緊張してテンションが上がるものだが、この実験では、故意に面接者が改まった、硬い表情でのぞんだ。すると、面接を受ける側のテンションは高い状態のままで、なかなかリラックスした状態にもどれない。

ところが、ここでも面接者がにこやかな表情でものを言い、相手の話を聞くようにしたところ、緊張はしだいにほぐれていった。同時に、一方が笑顔を見せると、笑顔は他方にも伝染することがわかった。

自分がムスっとした表情でいれば、それは相手にも伝わってしまうのだ。

笑顔を見せるタイミング

知り合いの女性で、笑顔のいい人がいる。彼女は、いつも笑っているように見えるのだが、当人に言わせると、そうではない。

「話しかける直前に、目を見て笑顔から入っていくようにしています。話す前から、なんとなく笑顔でいると、笑顔が生きないいんじゃないかと思うんです。直前に、相手の目を見て笑顔から入ると、相手も思わずにっこりしてしまうんですね」

直前の笑顔は相手に向けられたもの。話す前からの笑顔は仕事に向けられたもの、俗にいう〝営業用〟のスマイル。この違いを意識しているので、彼女の笑顔は、メリハリがあって、印象に残るのだ。

あえて笑顔をつくる

ここぞというときに、最高の笑顔を送る。そうできるようにしたいが、こちらも生身の人間である。疲れやイライラで、表情が暗くなったり、険《けわ》しい顔つきになることがある。

そんなとき、どうするか。あえて笑顔をつくることも必要だ。

ある若い母親は、仕事で疲れて家に帰ったときなど、「ママ、お帰り」と、飛ぶようにして出迎えてくれる子供に、暗い顔を見せることになる。そこで、玄関の右手に大きな鏡をおき、鏡に向かってニコッとする。そうしてから、子供に「ただいま」と言うそうである。

日常のさまざまな場面で、ときには無理をしてでも、笑顔をつくらなくてはならないこともある。朝、鏡に向かって化粧をするとき、お気に入りの笑顔を浮かべてみる。そのときの笑顔を思い出すのである。

笑顔のいい人は、つくる努力をしているのだ。

「目線」「目配り」にはこんな工夫を！

「いい人」は「いい目」をしている

「いい男」は、「いい目」をしている、と聞いたことがある。女性にも、同じことが言えるのではないだろうか。顔立ちは美人なのに、目に落ち着きがない。相手の顔色をうかがうように見たり、あらぬ方向に目をやったりと、視線が定まらないのだ。これでは、落ち着いて話もできない。

顔立ちは普通だが、やさしい目の女性がいる。

「彼女と一緒にいると、気持ちが落ち着くんですよね」

こんな感想を洩らす男性もいる。

目は、その人の心をあらわすものなのである。

目はあなたの強い武器になる

「話すときは、目を見て話せ」とよく言われる。

これには二つ意味があって、一つは相手に感じのよさを与えるためである。同時に、下を向きながら話すと、自信がなさそうに見えて相手は、頼りなく感じる。

〈なぜ、きちんと見てくれないのか〉

と、いら立ちを覚えたりする。ひょっとして、自分に関心がないのかと、不安を抱く男性もいることだろう。

ただし、最初から最後まで、じっと見ている必要はない。話し始めの部分では、相手と目を合わせること。話すときでも、聞くときでも、最初に目をそらされると、以後のコミュニケーションがぎくしゃくしてしまう。

じっと見続けるのでなく、要所要所で見ればよい。内容を確認するとき、話題の変わり目、笑ったあとなどに相手の目を見るようにする。

女性は、男性よりも、長い時間、相手の目を見る習性があるという。女性にじっと見つめられて、「オレに気があるのでは」と誤解する男性もいるので、ご用心。目にかぎらず、一カ所を長い時間見続けるのは、不自然な感じを与える。

人の心の動きをつかむ

目を見て話す第二の意味は、相手を知るため、人の心をつかむためである。「目は口ほどにものを言う」のであって、相手の目の動きを追うことで、心の動きをつかむことができる。

男性は、隠しごとをしたり、嘘をついたりすると、目をそらす。観察と直感の鋭い女性は、男の嘘を簡単に見抜いてしまう。まばたきの回数が多くなるのは、心の動揺を示している。相手の目を見ていれば、気づくことである。

アイ・コンタクトのコツ

複数の相手に話す場合、大切なのが「アイ・コンタクト」である。日本語の「目配り」に相当する、相手の目を見て話す方法である。人前で、多人数を相手にスピーチするときなども、日本人はアイ・コンタクトが充分でないと言われる。いまの時代、男女を問わず、プレゼンテーションの機会はしばしば訪れる。その際、アイ・コンタクトができているかどうかは、プレゼンの成否にも影響する。アイ・コンタクトの要領を示しておこう。

①話し始める前に、全体を見る

人を前にして、伏目がちにならない。ここで下を向いてしまうと、印象が弱くなるばかりか、以後のアイ・コンタクトがやりづらくなる。思い切って全体を見てしまうと、見ることへの抵抗が少なくなる。

②見やすい人からアイ・コンタクトしていく

にこやかな人、相性のよさそうな人、うなずいている人など、最初は見やすい人から見ていくのがよい。特に、人前で話し慣れていない者にとって、見やすい人たちは味方である。話し手に「なんとか話せそう」との思いを抱かせてくれる。

③アイ・コンタクトの範囲を広げる

見やすい人の前後、左右などに徐々に広げていき、全体に目を配るようにしたい。

④恐い顔をしたり、下を向いている相手にも、だんだんと目を向けるようにする

⑤目が合ったら、一～二秒止める

止めずに流してしまうと、相手の心の動きや変化をつかむことができない。

アイ・コンタクトは、会話や会議の場でも、相手が複数のときには必要なスキルである。自分が聞き手にまわったときは、一人の人の発言を、ほかの人たちがどのように受け止めているか、アイ・コンタクトをしてつかんでおくことだ。

「姿勢のいい人」はなぜ信頼されるのか

立って話すときの姿勢

誰でも、容姿、スタイルがよいのに越したことはない。

「でも、それって、自分の努力ではどうにもならないものでしょう」

と言われそうだが、容姿やスタイルも、表情、姿勢として捉えれば、努力と工夫で変えられる部分がたくさんある。

姿勢とは、会話をするときの体の構え、格好のことである。

私は背が低い。鏡に映った姿や写真に撮られた姿を見ると、〈せめて十センチ背が高ければなァ〉と、嘆かわしく思ったりするのだが、普段は、自分で自分の姿を見ることができないのを幸いに、あまり気にしていない。

ある日、講演を終えたあとの懇親パーティの席で、受講者から、

「人前で話しているときの姿が、大きく見えますね」

と言われた。

〈そうか、工夫しだいで、自分の姿を大きく見せられるんだ〉と思い当たった。聴衆の前に立ったら、次の四点を意識して行なえば、聴衆から自分の姿は、実際より大きく見える。

「両腕を大きめに開く」

「両脇にゆったりした隙間をつくる」

「左右を見るときは、体全体を向けて見る」

「背筋をピーンと伸ばす」

さらに、自信を持ってのぞめば、それが態度に落ち着きをもたらし、余裕のある姿として映るのである。

あなたが、「立ち話」「会議での発表」「人前でするスピーチ」など、立って話すときの姿勢のポイントは次の通りである。

・**背筋**――状態を起こして、背を伸ばす。「彼女は姿勢がいいね」と言われるのは、背筋の伸びている姿を指している。

・**目線**――アイ・コンタクトのこと。目がキョロキョロしている、下を向きっ放しなどでは、姿勢が落ち着かなく見え、相手を避けているようにも映る。

・**手**――軽く脇にたらす。手には気持ちがあらわれる。緊張していると、手に力が入り、体全体を縛ってしまう。

・**足**――両足に均等に体重をのせて立つ。三分の一ぐらい片足をずらし、両足の間に、心持ち隙間をつくる要領で立つとよい。左右いずれかの足に重心がかかると、休めの姿勢になって、くずれた印象を与える。

・服装――場に合ったものがよい。だらしない感じを与えないこと。人に接する前に、チェックしておくとよい。

「せ(背)・め(目)・て(手)・あし(足)・ふく(服)」

と覚えておいて、姿勢を整える合言葉にしておくと便利である。

人前に立つと、緊張のために力が入る。特に、手や足に影響する。できるだけ自然体で立ち、軽く下腹に力を入れるようにして立つと、美しい姿勢になる。

座って話すときの姿勢

座って話すときの悪い姿勢で、第一にあげられるのが、「貧乏ゆすり」である。リズムでもとっているのか、ひざなどを絶えず細かく動かしながら喋る姿である。ゆったりした感じとは正反対の、こせこせした印象を与えるので、やめたほうがよい。

くせになっていて、気づかないうちにやってしまう人もいる。親しい人に注意してもらうなど、早く改めるようにしたい。

手も、話しながら、気になるくせを伴う人がいる。代表的なのが、

「ボールペンをくるくるまわすくせ」

「髪の毛の先っぽをいじるくせ」

これらのくせは、話を聞くときにやりがちなので、話し手にとって目ざわりである。男性が話しているときなど、毛先をいじっている女性を見かけるが、決して好感は持たれないだろう。

話しながら、人差し指で、相手を指すような素振りをするのがくせになっている女性もいて、話に夢中になると頻繁にそのくせが出る。名指すのなら、指をそろえて相手に向けるのがよい。指一本だけを向けると、突きさされたように感じて、相手は身構えてしまう。

次に、足を組むのはどうか。欧米では、女性でも足を組んで話を聞いたり、喋ったりする人が少なくない。特に違和感はないが、文化、風土の異なる日本では、

足を組む姿勢は偉そうに見え、抵抗を感じる人がいるので、やめたほうがよい。

通勤の車中で、両足をそろえて、つま先を幾分か内側に向けて座っている女性を見ると、たしなみがあって、好感が持てる。

職場で上司と口論になったときなど、腕組みをして話したり、聞いたりしていないだろうか。腕組みの姿勢は、相手の言い分を拒否するポーズである。気短な上司なら、「なんだ、その態度は！」と怒り出しかねない。

姿勢の良し悪しで、相手に与える印象は大きく変わる。顔立ちがきれいでも、前かがみで、肩がすぼんでいる女性は、頼りなく見られてしまうのである。

「歩き方」ひとつで印象がガラリと変わる

歩き方は体の表情である

その女性は、待ち合わせのとき、彼を見つけると、いつも小走りに近寄ってきて、

「よかった」

と言うのだという。

彼は、彼女のことを思うたびに、そんな姿が目に浮かんでくる。

「しっかりした女性なんですがね。ぼくを見つけて小走りに走ってくる姿には、なんとなく頼りなさそうな、それでいて、嬉しそうな様子がにじみ出ていて、惹かれちゃうんです」

ぬけぬけと言うものだから、つい意地悪く、

「その姿にだまされているんだよ、きっと」

と言ってからかうのだが、

「わかってませんね、福田さんは」

と、彼はまったく気にもとめない。ここにも、見た目に惚れ込んだ男が一人いるわけである。

見たことはないにしても、小走りに近づいてくる彼女の姿が目に浮かんでくるようだ。

歩き方には、その人があらわれる。足音を聞いただけでも、その人が誰であるかわかることがある。

かつて、私と妹と母親の三人暮らしをしていた頃、仕事で母の帰りが遅くなることがあった。私も妹も小学生だったので、夜になると、二人きりというのは心細い。当時はテレビもなくて、静まり返った部屋のなかで、二人とも黙ったまま、ひたすら母の帰りを待っていた。

遠くで足音がして、だんだん近づいてくる。じっと耳を澄ませていると、足音が別の人のものとわかる。二人顔を見合わせて、〈なあーんだ〉とがっかりする。やがて、再び足音。一歩一歩近づく足音にじっと聞き入る。

〈あ、お母さんだ〉

二人で顔を見合わせるが、違ったときの失望感を思うと、口に出せない。無言のまま、こらえている。

玄関の戸が開く。

「やっぱりお母さんだ！」

あの瞬間の喜びも、いま思うと、遠い昔のことである。

自分の歩き方を振り返ってみる

普段、自分がどんな歩き方をしているか、意識している人はほとんどいないだろう。無意識のうちに歩いているのは、歩くことぐらい誰でもできるからである。

でも、自由に何の苦もなく歩けるのは、恵まれているのである。私は痛風の発作に見舞われたあと、痛みが遠のいて歩けるようになると、歩けることの有難味を感じて、しばらくは一歩一歩踏みしめるように歩く。と同時に、他人の歩き方を見て、興味がわいてきたりする。

いろいろな歩き方があるものだ。

エスカレーターの一段一段を、勢いよく走るように降りていく若い女性。ヒールの音を周囲に響かせて、その歩き方は乱暴としか言いようがない。彼女が通り過ぎるとき、「危ないよ、気をつけて！」と、声をかけた年輩の男性がいた。

歩き方には、その人の気持ちがあらわれる。

緊張すると、足どりが速くなったり、足元がふらついたりする。意識して、ゆっくり歩くことである。すると、気持ちも次第にゆったりしてくる。歩き方が、自分の気持ちを変えてくれるのである。

大勢の前で発表するときも、中央の演壇まで歩いていくのに、あえてゆっくり歩いていく。急いで演壇に近づこうとするのを、〈演壇は逃げて行きはしないのだから〉と言いきかせて、抑えるのである。

足の速い人がいる。自分一人でさっさと、先に行ってしまう。振り返って気がつき、早く来るようにとせかす。急ぎの用事でもないかぎり、相手のペースに合わせて歩くように心がけたいものだ。

忙しいと、早足で歩くようになる。病院に行くと、院内を看護師さんが慌《あわ》ただしく走りまわっている姿を目にする。緊急事態だったり、人手不足で仕事に追われるといった、やむを得ない事情からだろうが、可能なかぎりペースを落として歩いてほしいと思う。

特に、病人を案内する場合、先に立って足早に歩くのでなく、相手の速度に合わせて歩幅を調整してほしい。一緒に歩いていて、歩きやすい人は、いたって自然に、こちらの歩き方に歩調を合わせてくれる人である。

歩き方にも、その人の人柄があらわれる。だから、歩き方ひとつで、相手に与える印象も違ってくるのである。

「電話美人」は〝ほどよい距離感〟を心得ている

電話を上手に使える人とは

メールは、顔が見えない、声のやりとりもない。文字だけ発信すればすんでしまう。簡単な用件を素早く伝えるには、便利なツールである。ケータイメールの普及によって、ますます利用度は高まった。

とはいえ、簡単な用件を一方的に伝えるのみで、きわめてかぎられた手段である。

近頃、メールに頼りすぎの傾向がある。連絡を頼むと、「わかりました、メールを入れておきます」との返事が多い。

「メールでなく、電話で話してほしい」

「電話ですか？」

面倒くさそうな顔をされる。

「声でやりとりするほうが親しみもわくし、その場で返事をもらえるだろう」

「でも、メールは記録に残りますから」

「電話は心に残るからね」

〈ちょっと無理があるなァ〉と思いつつも、こんな言い方をするのは、メール一辺倒への、私の不満がそうさせる。

電話は、声というすばらしい要素を伴ったコミュニケーションである。もっと、人と電話で話してほしい。電話を避けるだけ、電話応対の力は衰える。

電話を上手に使うためには、気軽に電話で話すことである。

自分で気づいていないようだが、電話で甘えた声を出す女性がいる。

「ハイ」と、短く言えばよいのに、「ハァーイ」と、甘ったるく伸ばして言う。

甘えることで従順さを示し、好感度を高めようとの気持ちが無意識のうちに働くのかもしれない。決していい感じはしない。むしろ、頼りなく感じる。

電話美人の応対の仕方

かつて勤めていた会社に、〝電話美人〟と呼ばれる若い女性がいた。

彼女の場合、声が自然で、甘えたところがない。

「ハイ、○○研究所です」

「ハイ、いつもお世話になっています」

冒頭に言う「ハイ」が爽やかで気持ちがいい。かけるときでも、受けるときでも、まず「ハイ」から入る。要件を告げる、聞く、やりとりをする。応対に力《りき》みがない。普通の声で、にこやかな表情で、

「よろしいですか」

「ちょっとお聞きしていいですか」

「かしこまりました」

「では、その線でお願いします」

「どうもありがとうございました」

と、さらっと言うのである。

やりとりが、「理にかなっており」「礼儀にかなっている」のである。理にかなっているとは、

●余計なことは言わない
●要点はきちんと押さえる

ということ。したがって、電話をしている時間が短い。外部の人からも評判がよかった。

「彼女から電話をもらうと、ついＯＫしちゃうんだよね」

と言う人もいれば、

「結構言いにくいことも言ってるんだけど、普段と変わらない声で、さらっと言うから、抵抗なく聞ける」

といった声もある。

電話美人になるコツをまとめると、次のようになる。

①第一声は明るく、爽やかに

彼女のように「ハイ」と出るのもよいし、「お早うございます」でも、「いつもお世話になっています」でも、とにかく、明るく気分よく出る。電話に出る前に、気持ちが沈んでいたら、立ち上がるなど動作に弾みをつけて、受話器をとるようにする。

②甘えたり、へつらったりしない

「そんな」とか「どうしたらいいでしょう」とか、おもねるような言い方は、ビジネスの電話では相手をとまどわせる。笑顔で、力を入れすぎないで、自然に話すのが一番。

③余計な話はしないで、すぐ本題に入る

言いにくい用件は、つい遠まわしな言い方をしたり、もたついた話し方になりやすい。相手が見えない電話は、明るい調子を保ちながら、本題にすぐに入るほうが、相手も余分な気をまわさないですむ。

④用件の確認をする

電話では、音声による言葉のやりとりだけだから、確認してフィードバックすること。

「見積書を二通、明日中にお送りいただけませんか」に対して、「ハイ、かしこまりました」ではなく、

「見積書二通ですね。明日中にお送りするんですね。かしこまりました」

と答える。フィードバックすることで相手も安心するし、間違いもふせげる。

見積書と請求書をとり違えて、信用を失った例もあるくらいだから。

⑤ゆっくりとあいさつする

電話を切るときは、

「どうぞよろしくお願いします」

「どうもありがとうございました」

と丁寧に、ゆっくりと話すことである。

電話のかけ方にあらわれる〝人柄〟

相手の生活のリズムを想像する

人には誰でも、それぞれに生活のリズムがある。一日、一週間、あるいは一カ月というように仕事の流れもある。

普通は、相手の仕事の流れや生活のリズムを考えて、電話をかけるだろうが、ときとして、思い立つと、相手の状況などおかまいなしに電話をしてくる人もいる。仕事で追われていたり、出かける直前だったりすると、〈なにもこんなときに〉と思いたくなる。

目の前に相手がいない、空間を飛び越えてのメッセージであるだけに、自分の都合だけでなく、かける前に、相手の都合や状況を思いえがく習慣を身につけておきたい。

まるでこちらのスケジュールを熟知しているかのように、席にいるときに、しかも仕事の合間に電話をかけてくる知人がいる。

「いま、電話大丈夫ですか?」

大丈夫も何も、まさに絶妙のタイミング。これまでの私とのやりとりのなかで、月のうち、週のうち、いつ頃、私が事務所にいるか、彼はそれとなくインプットしているのだろう。

女性でも、相手への気配りのきく人は、電話をいつかけたらよいか、心得ている。もちろん、

「いま、よろしいですか?」

のひと言も忘れない。

電話は、受付を通らずに、直接デスクの前に声の主が登場する。言わば、暴力

にも等しい。

相手を考えずにかける電話は暴力であると、言い切ってよいだろう。

迷惑電話に対応する方法

会社にいても、直接仕事とは関係のない売り込み電話がかかってくる。しかも、名のらずに、

「社長さん、いらっしゃいますか？」

と、いかにも親しげに言う。

「どんなご用件ですか？」

「いえ、ちょっと個人的な用件で。社長さんにつないでもらえばわかります」

忙しいときにこんな電話が入ってくると、イライラして、

「社長はおりません」

と、ガチャンと切ってしまいたくなるだろう。でも、会社にかかってくる電話への応対は、一方で、〝会社の顔〟を見せることでもある。

ガチャンとやられた相手は、〈ひどい会社だな〉と、あきれはてる。自分が勝手な電話をしていることなどケロッと忘れて、腹を立てる。身勝手な相手だが、だからこそ、つけ入る隙を与えずに、丁重にきっぱりと、断る必要があるのだ。

「大変申しわけありません。ただいま留守をしております。お名前をうかがっておいて、申し伝えますので、どちら様でしょうか？」

単なるセールスであれば、名のらずに、

「また、改めてかけ直します」

と言って、切ってしまうのがほとんどである。

自宅にかかってくる勧誘電話も迷惑電話の一つである。休みの日などに、くつろいでいるところへ、電話のベルで呼び出される。〈いったい誰だろう？〉と思って受話器をとると、

「今日はエステのお知らせなんですよ」

と、女性の声。

「エステ？」

一瞬、とまどってしまう。

「とってもお得な話で、非常にお安いんです。いまキャンペーン中で、五〇％引きなの」

「でも、いま忙しいから」

「ええ、お忙しい方に一番いいんです。あなたもお若いんでしょう、美しくなりたいでしょ」

放っておくと、次々に喋ってきて押されてしまう。気の弱い人は、つい、などと質問して、相手のペースに乗せられてしまう。だいたい、どこの誰かも

「どこでやっているんですか？」

名のらずに、いきなり勧誘を始めること自体、失礼な話である。

ここは弱気にならないで、きちんと言い返せばよい。

「どなた様ですか？」

「ウチはね、インド舞踊からきた素敵なエステなんです。あなたにピッタリだと

思います」

ここで、「どうしてそんなことがわかるんですか?」と、相手になってはいけない。喋るチャンスを与えることになるからだ。

「エステはほかでやっていますから、結構です。失礼します」

そう言って、切ることである。なかには、

「お休みのところ、申し訳ありません。私、○○薬品の山田と申します。お時間、少しいただけないでしょうか」

と、丁寧な話し方をしてくる者もいる。こちらも、丁重に断ることだ。

「いまとり込んでおりますので、切らせていただきます」

いずれにせよ、話し相手にならずに、キッパリとした口調で、NOを言う。

顔が見えない、相手の状況がわからない電話の特徴を承知して、上手に使うとともに、悪用する者には、相手にならないことである。

第5章

「言葉ぐせ」であなたの9割がわかる

●「話し方」が変われば「あなた」が変わる

「別に」——無関心そのものの「つれない返事」

話し方や言葉ぐせには、その人があらわれる。自分の言葉ぐせを知ることは、自分を知ることにほかならない。

女性がよく口にする言葉ぐせをあげて、その奥にある心の動きをさぐってみよう。周りの人や自分自身に、思い当たるところがあるかもしれない。

「別に」

質問すると、「別に」と、つれない返事をする人がいる。

「ミーティングでの課長の話だけど、あなたどう思う?」

同僚から聞かれて、「別に」。

「忙しそうですね」と後輩が声をかける。先輩が返す。「別に」。困った後輩は、「でも、大変じゃないですか」。先輩、またしても「別に」——。

相手がかかわりを求めてきたのに、無関心。「別に」のひと言で、切りすててしまう。本人はそんなつもりはなくても、相手はそう感じてしまうのだ。

「忙しそうですね」
「うん、ちょっとね。手伝ってくれる?」
「私がですか?」
「冗談よ、自分でやれるから大丈夫」

笑いながら、この程度のやりとりができると、後輩からも〈楽しい人〉と思われる。

「別に」という言葉には、「別になんとも思わない」の意味があり、その奥には、〈私はそんなことに興味はない。あなたなんかと違う人間よ〉といった、思い上がった心理が働いている。それを感じとるから、言われた相手は、不愉快になるのだ。

「疲れてるみたいだね」

夫のひと言に、妻が、「別に」と応じたら、ふてくされているように受け取られる。「なんだ、その言い方は」となって、不穏な空気が流れる。

疲れていたり、面白くなかったりすると、相手からの投げかけに「別に」と冷たく返しやすい。「別に」が口ぐせにならないよう、注意しよう。

「どっちでもいい」

AとB、どちらがいいかと聞かれて、

「どっちでもいいですよ」

と、抑揚《よくよう》のない口調で答える。相手は、〈どうでもいいじゃない、そんなこと〉と、関心のない言い方をされたと受け取り、面白くなくなる。「どっちでもいい」は、人を傷つける要注意の言葉ぐせである。

「許せない」――期待が失望に変わったときに

真面目で、仕事熱心で、正直なのに、周囲から敬遠されがちな女性がいる。そうした女性のなかには、相手に対する期待のイメージをふくらませて、イメージ通りにならないと、相手に不満を抱くタイプが見かけられる。

そうでなくても、他人に満足するのは容易ではない。理想の人を求めるが、そんな人が現実にいたら、かえってやり切れなくなるのではないか。すばらしいと思っていた女性にも、欠点があることを知ってほっとする。この心境を大事にしたい。

「許せない」

「話せばわかる」は、そうありたいという願望の表現である。これを現実の姿と勘違いして、話せば当然、わかると思って相手に接する人がいる。にもかかわらず、わかってくれないばかりか、相手から、

「そんな勝手を言われても困るわよ」

などと言われると、思わずカッとなってしまう。

「勝手？　あなたのほうこそ勝手でしょ。こちらはちゃんと話してるのに」

興奮して、

「もういいです。失礼します」

と言って、憤然として、席にもどり、

「ああいうのって、許せない！」

などと息巻く。

こちらが頼んだことはケロッと忘れて、自分が頼んだことは、やたらとせかす。

「遅いじゃないか、早くしてくれよ。会議に間に合わなかったら、どうするんだ」

上司だからといって、こんな態度が許されていいものか。上司たる者、部下が仕事をやりやすいように、常に気を配るべきである。それなのに、部下にやらせることばかりで、部下のためには何もしてくれない。かくして、「許せない」となる。

男性は夜、酒場で上司の悪口を言って気を晴らせるが、女性はそうはいかないんだからと、「許せない」が口から飛び出す。ここは見方を変えて、頼まれた件を素早く処理して、ひと言、念押しをしておく。

「私のお願いした件も、よろしくどうぞ」

上司も気づくだろうし、相変わらずだったら、一度きちんと話し合うか、そういう人と割り切るか、どちらかにする。

「でも」「だって」——言いわけから、やがて攻撃へ

もちろん、故意ではない。いつものように手順を踏んでやったのに、予定通りいかなかった。当然、相手から小言を言われ、お叱りを受けるのは目に見えている。こんな場合、誰だって自分を守りたい。悪く言われたくない。周りの視線が自分に向けられるとなると、〈恥をかきたくない〉との思いが強くなる。そんな状況で——。

「でも」

七分遅刻。席に着くと、上司に、

「○○さん。今日は、十時からの支店長会議のために、十分早く出社する予定だったよね。困るじゃないか。もう、みんな準備にとりかかっているというのに」

強い口調で、叱責される。

「すみません。でも、いつもより十分早く家を出たんです」

「また、電車の遅れかね」

「でも、本当にそうなんです」

その通りだとしても、「でも」から始めるのはまずい。十分早く出社するには、二十分あるいは三十分、早く家を出る周到さがほしい。

人に注意されて、反射的に「でも」が口から出るようになったら、信頼されなくなる。言いわけが身についてしまっているからだ。

言いわけの誘惑に負けないようにしよう。遅刻して相手に迷惑をかけているのだから、「でも」ではなく、「申しわけありません」と、素直に詫びることである。

「だって」

夜九時に残業を終え、妻にメールを入れ、外に出る。一時間だけという同僚の誘いに応じて、居酒屋に入る。時間通りに店を出て、自宅に帰る。妻の第一声は、

「遅かったわね」だった。

「メール、打っといただろう」

「だって、いま十一時よ」

「それがどうした？」

「だって、十時半には着くはずよ」

妻の「だって」は、三十分遅くなった夫を責める言葉だ。夫からすると、たかが三十分、〈なにが「だって」だ〉との思いで、不機嫌になる。あなただったら、どう言うだろうか。

「すみませんね」――嫌味たっぷりのひと言

嫌味は、遠まわしな非難であり、皮肉を込めた小言でもある。

ストレートに言えばよいのだが、それができずに曖昧《あいまい》な言い方をして、相手をとまどわせる。とまどったり、いら立ったりする相手を見て、優越感にひたる。

嫌味を言って、仕返しをしているようなところがある。

「すみませんね」

命令口調で、「あれをしろ」「早くこれをやれ」と、やたらと仕事を押しつけてくる上司がいるものだ。女性リーダーのD子さんは、心にひっかかるものを感じながらも、正面切って言い出せないでいた。

あるとき、その上司に、

「報告会のスケジュール、でき上がったかね」

と、催促された。

「いま、作成中です」

「まだできないのか。早くしてくれないと困る。いろいろ準備もあるんだし」

〈こっちだってみんな、手一杯仕事を抱えて忙しいのに。やれと言われてすぐやれる状態でないことぐらい、わからないんだろうか〉との思いがよぎり、D子さんは、

「すみませんね、まだなんですよ」

と、嫌味を言ってしまった。あとでD子さんは、現状をきちんと伝えるべきだったと、反省したそうである。

家庭でも、妻が夫に「すみませんね」と嫌味を言うことが、少なからずある。

「申込書、送っておいたかい」

「まだよ」

「なんだ、もう送ってあるのかと思ったのに。まだ送ってないのか」

「すみませんね」

「そんな言い方、することはないだろう」

「そうかしら、すみませんって言っただけなのに」

「キミは、いつから、そんな嫌味ったらしい言い方をするようになったんだ」

「あなた、怒ることないでしょう」

のん気な夫をこらしめるのに、嫌味の一つも言ってみるのは、たまにはいいかもしれない。とはいえ、「すみませんね」が言葉ぐせになって、嫌味な女性にな

 っては、何のトクにもならない。

「私、頭が悪いから」

相手の説明が難しくてよくわからない。そんなとき、

「私、頭が悪いから、よくわからない」

といった言い方をする人がいる。

「ごめんね、よくわからなかったんで、もう一度説明してくれる」

正直にこう言ったほうが、よほど感じがよい。わからないことをわからないと言うのは、意外に難しい。だが、「頭が悪いから」は、余計なひと言である。

「ハイ、ハイ」――落ち着きがなく、軽々しさが

目をキョロキョロ動かしたり、体をソワソワさせたりするのも、落ち着きのない態度として、人から信用されなくなる。自信なさそうに映るからである。

返事の仕方にも、落ち着きの有無があらわれるのだ。呼ばれたとき、

「ハイ」

と、しっかり答えて、顔をあげ、相手に近づく。基本の一つだが、これが身についていない人がいる。名前を呼んでも、返事がない。そこで、もう一度呼ぶと、

「わかってます」

と、これは「聞こえてますよ」という意味だろう。〈聞こえていたら、気持ちよく「ハイ」と言ったらよさそうなものを〉と、呼んだほうは割り切れない思いを抱く。

返事の仕方のいい女性は、例外なく感じがよい。呼びかけを察知して、「ハイ」と応じる、そのタイミングが実にすばらしいのだ。

「ハイ、ハイ」

呼ばれると、慌てて「ハイ、ハイ」と、二度繰り返す人がいる。考えごとをしていたり、ほかのことに気をとられているとき、突然、自分の名前を呼ばれて、

「あ、ハイ、ハイ」

と、急いで立ち上がる人。病院の待合室などでよく見かける。

「ハイ、ハイ」の重ね返事は、「落ち着きがない」「軽々しい」「自信がなさそう」と、呼んだ人の目には映るのである。

「ハイ、ハイ」がくせになると、知らないうちに言ってしまうので、要注意。ときには、陽気な調子で、呼んだ相手のほうにニコニコしながら近づいて行ったりする人もいるが、恋人同士であればいざ知らず、職場ではやめたほうがよい。人によっては、馬鹿にされたように受け取り、「ふざけるのはやめなさい！」と、怒られかねない。

「わからなァ〜い」——媚び、甘えに乗る男性も

返事の「ハイ」を「ハァーイ」と長く伸ばして、相手に甘える。可愛く見せる、相手にすがる、そして、人の好意を引き出そうとの思惑が見え隠れする。

女性が、語尾を伸ばして、「そんなァー」「うそォー」「どうしようー」などと、甘えて言うのは、本書執筆のため協力してもらったアンケートの「気になる女性の言葉ぐせ」の中で、もっとも多く指摘された言葉ぐせである。

異性関係なら、甘え上手の女性に頼られて、男性は嬉しくなったりもするのだろうが、職場でこれをやると、幼稚っぽく見られ、

「大事な仕事をまかせる気になりませんね」

となるだろう。仕事では、ハキハキしたものの言い方をしないと信頼されないのだ。

「わかんなァーい」

わからないことは恥でもなんでもない。「わからないので、教えてください」と言えばよい。

親しい仲間なら、「教えて」と、気軽に言えるが、相手がイケメンの男性だったり、厳しい上司だったりすると、なかなか言い出せない。そこで、「わかんな

ァーい」「わかりませーん」と甘えたり、媚《こ》びたりする。従順さもアピールしているのである。

そうとは知らず、「どれどれ、うん、これってなかなか難しいんだよな」などと、親切に教える男性もいるから、語尾を伸ばして甘える女性は、どこの職場でも、必ず見かける。

高じてくると、わかっているのに、わざと、

「わかんなァーい」

と言ってみせ、相手の気を引こうなどという人も出てきて、困ったことになる。ある女性のリーダーは、「自分で考えてみたら」と突っぱねたところ、「冷たい人」と言いふらされ、とんだ迷惑をこうむったという。

「なんとかして」

甘えのくせがつくと、他人への依存心が強くなって、自立の心がしだいに弱くなる。「わかんない」が「できない」になって、やがて「ねえ、なんとかして」

と、他人にすがる姿になっていく。

甘えから生じる「語尾を伸ばすくせ」は、できるだけ早く改めたほうがよい。三十代後半の女性が「信じられなァーい」を口にするのは、それこそ信じられないことである。

「あなたって、そうなのよ」――勝手な決めつけは、余計なお世話

自分がこうだと思うと、それを他人に押しつける人がいる。自分がそう思うだけで、そうと決まったわけでもないのに、決めてかかる。そんな人がいるもので、相手にすれば、〈勝手な人〉と敬遠したくなる。

席に座った女性に、先輩社員が声をかけた。

「あなた、疲れてるね」

「え！？」

驚いた顔をしていると、再度、

「疲れているのよ、あなた」

「いいえ、そんなに疲れてませんよ」

「自分で気がつかないだけよ、疲れてるわ、あなた」

「そんなことありません」

「気をつけたほうがいいわよ」

言われた女性はむっとして、内心、〈余計なお世話〉と呟いた。


「あなたって淋しがり屋なのね」


同僚の男性が、たった一人の妹が海外勤務になったと話し出した。

「英語が喋れるので、前から海外勤務を希望していたんだよ。本人は喜んでいるが、何かあるとオレが相談相手になっていたんで、喜んでやりたい反面、心配でもあるんだな」

聞いていた女性が発言した。

「Yさん、本当は淋しいんでしょ」

「淋しいっていうより、治安がどうなのかもわからないし、心配なんだ。何かあったら大変だからね」

「そうね。でも、Yさんって、淋しがり屋なのよ。私、わかった」

彼女は、満足そうな微笑を浮かべて、こう言い切った。

ある若い女優さんはインタビューで、子供の頃の話をほんの少ししただけで、

「やっぱりね。あなたは、淋しがり屋なんだよね」

と、いきなり決めつけられて、とてもいやな思いをしたそうである。単なる思い込みにすぎないことを押しつけられて、愉快な人はいない。

「ひょっとして」「もしかして」

と、前置きしたうえで、

「淋しがり屋のところがあるのかな」

などと問いかければ、

「そんなふうに言われたの、初めて」

となり、

「じゃ、いつもどんなふうに言われますか？」

と話が展開し、相手からいろいろなことが聞ける。先の例でも、

「Yさんは日頃から、妹さんとよく会話をするんですね」

「うん。よく話したりするよ」

「そうか。じゃ、淋しくなるかもね」

と、こんなやりとりになれば、Yさんの意外な面が出てきて、会話が楽しくなる。決めつけは、会話をストップさせる。話し手の自己満足で終わってしまうからだ。

「はあ?」——〈なに、バカ言ってるのよ〉という高慢さ

男の場合、頭がよく仕事もできるのに、適当に怠け者で、一生懸命努力しない人間が少なからず存在する。一方、女性の場合、頭の回転が速く有能な人は、大半が真面目で仕事熱心である。

仕事のできる女性は、多くは魅力的で、素敵な人たちである。会話をしても面白いし、明るくて元気で、エネルギッシュである。たまに、仕事のできることを鼻にかけたり、自信があるためか、ひとりよがりのタイプも見かけるが、総じて、〈なかなかやるな〉と思う人が多い。

以上のことは、私も含めて男の側の独断と偏見かもしれない。有能なのに努力せず、手を抜いたり、怠けたりする女性もまれにいるから。

問題は、有能で仕事熱心、そのうえ強気といったタイプの女性が、男と張り合おうとする場合である。

大半の男性は中くらいで、「有能」な人間となるとかぎられる。できる女性が張り合おうとするのは、有能そうに振る舞う中くらいのレベルの男たちが多い。

「はあ?」

仕事のできる女性のなかには、男性がおかしな発言を繰り返し、意地を張って譲らないときなど、強い口調で、

「はあ？」

と言う人もいる。

この「はあ？」は、明らかに相手を見下げて発したひと言で、〈話にならない〉〈なに、バカ言ってるのよ〉などの意味を含んでいる。言われたほうもそれがわかるので、コンプレックスを刺激されて、腹を立てる。「はあ？」が口ぐせになっている人がいるが、どこか相手を下に見た、感じのよくない言葉である。

「そうだよ」

同僚の一人が、

「私、A社を見学してショックだった。なにしろすごいのよ」

と喋り出すと、何でも知っているとばかり、しゃしゃり出て、

「そうだよ。だから、ウチの会社も、もっと頑張らないとね」

などと言い出す人がいる。相手の発言に対して、〈そんなことはとうに知っている〉〈私はすでに経験ずみ〉と言わんばかりに、「そうだよ」と。この「そうだ

よ」には、

〈そうだよ、知らなかったの〉

といったニュアンスが感じられて、相手は言葉を返せなくなる。

張り合うなら、見下すのでなく、尊重することから始めよう。

「私って、可愛くないから」――返答に窮する、自己卑下のひと言

仕事ができて、自信のある人は、つい「はあ？」などと言って、自分でも気づかずに、相手を見下してしまう。

逆に、仕事だけでなく、女性としての自分にも自信が持てずに、自分を卑下《ひげ》して表現する人がいる。自分を知るのは難しい。自信過剰も自己卑下も、自分を誤って見積もった人の姿である。大方の人は、そのどちらかに近づきつつ、自分を保っているのが現状だろう。

「私って、可愛くないから」

右の言葉で、話し手が何を伝えようとしているのかを読みとるのは、簡単ではない。すなわち、聞く者をとまどわせる言葉である。本心からそう思っているのか、相手の反応を試そうとしているのか。

とりあえずの返し方としては、

「なぜ、そんなふうに言うのかな」

といったところだろう。

ざっくばらんに、男性が、

「キミ、そう言われると困るんだよな。まさか、そうね、可愛くないね、なんて言えないし」

などといった応じ方をしたとしても、彼女が、

「そう言ってみただけ」

と、明るいボールを返してくるとはかぎらないので、手を焼くことになる。もしかしたら〈相手を手こずらせるのが目的では〉などと考えてしまう男性もいる

かもしれない。

Ａ４の紙に、「会場はここです」と、マジックで書いたものを眺めて、〈我ながら下手な字だな〉とあきれはて、私は思わず、

「下手な字だなァ」

と呟いた。横から覗《のぞ》き込んだ女性が、納得顔でひと言。

「本当にそうですね」

私からすれば、どこかで、

「そんなことありませんよ。福田さんの字って、温かみがあっていいですよ」

といった言葉を期待していたような気がする。

「可愛くないから」にも、どこかに「そんなことない」と否定してほしい気持ちがあるのではないだろうか。長所の一つも添えて……。

人間、本当にそう思っていることは、簡単に口にはしないし、またできないものだ。甘えたり、すねたりのひと言だとすれば、慎むべきだろう。

「もう年だから」

三十代の女性に、「私、もう年ですから」と言われて、返す言葉に困ったという話を聞いた。この種のセリフを暗く言われると、周りも暗くなって、空気をもてあます。

「私って、可愛くないから」

そう言って、ペロッと舌を出して、笑うぐらいの明るい言い方をしてくれると、周囲も、「そう思ってもいないくせに」と笑いとばせる。

この種の言葉は、明るく言うにかぎる。

言葉は大切だが、言葉を生かすのは話し手の心である。どんな心で相手に向かっているかが肝心で、言葉のくせは〝心のくせ〟でもある。

コスミック・知恵の実文庫

女性《じょせい》は「話《はな》し方《かた》」で9割《わり》変《か》わる

【著者】
福田《ふくだ》　健《たけし》

【発行者】
杉原葉子

【発行】
株式会社コスミック出版
〒154-0002 東京都世田谷区下馬 6-15-4
代表　TEL.03(5432)7081
営業　TEL.03(5432)7084
FAX.03(5432)7088
編集　TEL.03(3418)4620
FAX.03(5432)7090

【ホームページ】
http://www.cosmicpub.com/

【振替口座】
00110-8-611382

【印刷／製本】
中央精版印刷株式会社

乱丁・落丁本は、小社へ直接お送り下さい。郵送料小社負担にてお取り替え致します。定価はカバーに表示してあります。